Que planter à l'ombre ?

Didier Willery

Que planter à l'ombre ?

JARDINS, TERRASSES ET BALCONS

Hortensia Endless Summer 'Bailmer' et *Acer palmatum* 'Dissectum Atropurpureum'.

ULMER

SOMMAIRE

5 Introduction

6 Les différents types d'ombre
6 L'ombre directe
8 L'ombre portée

10 Cultiver à l'ombre
10 Élaguer les arbres
14 Planter sous un arbre
15 Maintenir le sol couvert
16 Utiliser des matériaux clairs

18 Les 40 meilleures plantes d'ombre

110 D'autres espèces possibles à l'ombre ?
110 Aromatiques et condimentaires
112 Fruits
114 Haies
116 Grimpantes
118 Aquatiques et semi-aquatiques
120 Graminées
122 Plantes couvre-sol
124 Plantes parfumées

126 **Index des plantes** (noms français et latins)

128 **Crédits photographiques**

INTRODUCTION

Si vous pensez que les coins ombragés du jardin sont des coins perdus, que vous ne pourrez jamais rien cultiver dans votre patio où le soleil ne descend jamais, que le fleurissement de votre balcon orienté au Nord ne pourra jamais rivaliser avec les corbeilles de pélargoniums qui dégoulinent des balcons plein Sud, alors, ce petit guide devrait vous prouver le contraire.
Les coins de jardin, de terrasse ou de balcon à l'ombre offrent en effet la possibilité de cultiver d'autres plantes, des végétaux spécialement adaptés à ces situations abritées qui ne connaissent jamais le plein soleil de midi. Beaucoup offrent des floraisons abondantes et spectaculaires, d'autres produisent des feuillages magnifiques par leur forme ou encore par leurs couleurs qui rivalisent avec celles des fleurs. Même si la plupart de ces plantes restent méconnues, elles sont au moins aussi nombreuses que les plantes populaires habituellement cultivées au soleil.
Quel que soit le type d'ombre qui vous chagrine, vous trouverez dans ce guide une sélection de « valeurs sûres » qui ne devraient pas vous décevoir.
Vous trouverez également différentes solutions pour rendre l'ombre plus accueillante ou pour sélectionner des végétaux adaptés à ces situations parmi les familles plus classiques : quels arbustes de haie ou quels légumes...
Exploitez les nouvelles possibilités offertes par cette situation à priori inhospitalière, et devenez un jardinier ombrophile...

Les **différents types d'ombres**

Nous serons tous d'accord pour affirmer que l'ombre est un endroit où il n'y a pas de soleil. Pourtant, l'absence de lumière peut avoir plusieurs causes qui engendrent des ombres de natures différentes et impliquent donc des choix de végétaux différents.

L'OMBRE DIRECTE

Certainement le plus courant, ce type d'ombre est celui que l'on trouve **sous les arbres et les arbustes.** L'ombre directe se caractérise par la présence d'un « plafond », en l'occurrence la cime de l'arbre formée de ses branches plus ou moins densément couvertes de feuilles.

Bien entendu, **ce type d'ombre varie considérablement selon les essences et leur densité.** L'ombre produite par un arbre isolé, même de grande taille ou un conifère peut être qualifiée de partielle (on dit aussi « mi-ombre ») puisque le soleil peut parfois toucher le sol, tandis que l'ombre occasionnée par un groupe d'arbres est beaucoup plus dense, dès que l'on quitte la lisière. Bien entendu, chaque type de feuillage engendre une ombre différente : un arbre à feuilles finement découpées (« laciniées »), allongées (saules, eucalyptus), ou composées (robinier, févier) donnera une ombre légère, et laissera parfois pénétrer le soleil tandis que des arbres à grandes feuilles, pleines ou épaisses (marronnier, érable sycomore, figuier) offriront une ombre très dense et sombre. De même les arbres ou arbustes à feuillages panachés, jaunes ou verts tendres donnent une ombre beaucoup plus hospitalière que ceux dotés de feuillages vert foncé argentés ou pourpres, qui absorbent ou reflètent la plus grande partie de la lumière.

Et comme cela ne suffisait pas, **il faut encore prendre en**

compte l'enracinement (dense ou léger, superficiel ou profond) de l'arbre et les qualités du sol (drainant ou humide) pour définir les conditions de vie sous l'ombre directe, ce qui ne facilite pas la tâche du jardinier pour trouver les bonnes plantes susceptibles de vivre là (heureusement il y en a toujours !). Terminons par un point très positif : **l'ombre des arbres est toujours moins « froide » que celle occasionnée par un mur** car le feuillage et le branchage protègent les plantes du vent et du froid en hiver (c'est particulièrement important au début du printemps car les plantes précoces sont alors moins exposées aux gelées tardives).

▲ Les bambous offrent une ombre très légère où beaucoup de plantes peuvent se développer. Eux-mêmes peuvent pousser à l'ombre de murs ou de grands arbres.

L'OMBRE PORTÉE

Un mur, un bâtiment, ou un arbre voisin engendrent une ombre portée, dont la permanence varie selon l'orientation et la saison. Les ombres les plus denses et permanentes se trouvent, bien entendu, contre les murs tournés vers le Nord, mais il suffit d'une légère inclinaison vers l'Est ou vers l'Ouest pour que ces situations sombres connaissent quelques instants ensoleillés, tôt le matin ou en fin d'après midi jusque tard le soir en été.

Globalement l'ombre d'un mur est plus accueillante — moins « limitante » — que celle des arbres et permet un développement plus harmonieux des arbustes ainsi que des floraisons plus abondantes. La nature et la fertilité du sol s'expriment sans la concurrence des racines des arbres et ne peuvent être altérées que par le drainage supplémentaire parfois occasionné par la fondation du mur. **Par contre, un mur ombragé peut être soumis au vent** ou être caressé par des courants d'air persistants, qui nuisent beaucoup au développement de certains végétaux. Inutile, par exemple, d'espérer cultiver des rhododendrons dans un tel site car le mouvement d'air permanent assèche les feuillages et stresse beaucoup les plantes.

L'ombre « idéale » est donc celle que l'on rencontre dans les cours ou patios, ces petits espaces, généralement urbains, coincés entre de hauts bâtiments. Pas de vent, pas de soleil : une fraîcheur permanente appréciée de très nombreux végétaux, en particulier ceux à larges feuilles : il est très facile de générer une ambiance exotique dans de tels emplacements, même si la chaleur n'est pas toujours au rendez-vous.

QU'EST-CE QUE LA « **MI-OMBRE** » ?

C'est un endroit généralement ombragé une partie de la journée, mais qui reçoit aussi quelques heures de soleil chaque jour. **Les murs exposés à l'Est ou à l'Ouest** offrent des situations de mi-ombre, la première plutôt « fraîche » car elle n'est ensoleillée qu'au matin quand les rayons du soleil sont encore timides, et la seconde plutôt « chaude » car le soleil de fin d'après-midi est bien plus chaud et présent plus longtemps. **La plupart des plantes d'ombre poussent aussi très bien à mi-ombre,** offrant en général des floraisons plus abondantes dans ce type de situation.
Elle permet aussi la culture de plantes qui ne donnent aucun résultat à l'ombre comme les roses ou encore les légumes ainsi que la plupart des fruits courants : mûres, framboises, pommes...

LES ARBRES À OMBRE DENSE, « INHOSPITALIÈRE »

Cerisier *(Prunus cerasus, P. avium)*
Érable sycomore *(Acer pseudoplatanus)*
Hêtre *(Fagus sylvatica)*
If *(Taxus baccata)*
Marronnier *(Aesculus hippocastanum)*
Noyer *(Juglans regia)*
Prunier pourpre *(Prunus 'Pissardii')*
Sapin *(Abies, Picea)*
Saule pleureur *(Salix alba 'Tristis')*

LES ARBRES À OMBRE LÉGÈRE, « ACCUEILLANTE »

Acacia doré *(Robinia p. 'Frisia')*
Bouleau *(Betula pendula,* etc.)
Chêne *(Quercus robur)*
Érable du japon *(Acer palmatum)*
Érable panaché *(Acer negundo 'Flamingo')*
Eucalyptus *(Eucalytus gunnii,* etc.)
Févier doré *(Gleditsia t. 'Sunburst')*
Lilas *(Syringa vulgaris)*
Pêcher *(Prunus persica)*
Pommier *(Malus domestica)*
Prunier *(Prunus domestica)*
Saule blanc *(Salix alba)*

LES PLANTES D'OMBRE QUI CRAIGNENT LE VENT

Aucuba *(Aucuba japonica)*
Camélia *(Camellia japonica)*
Érable japonais *(Acer palmatum)*
Fatsia *(Fatsia japonica)*
Fougères *(Athyrium, Dryopteris, Matteucia, Onoclea,* etc.)
Rhododendron *(Rhododendron hybridum)*
Rodgersia *(Rodgersia podophylla,* etc.)
Skimmia *(Skimmia japonica)*

Cultiver à l'ombre

Plus l'ombre est dense, plus elle est inhospitalière et moins on trouve de plantes capables de pousser à cet endroit. Il est parfois possible de remédier à cet état et « d'éclaircir » l'ombre afin de la rendre plus accueillante. Planter en pleine terre à l'ombre demande également quelques adaptations particulières du jardinier.

ÉLAGUER LES ARBRES

Précisons tout de suite qu'« élaguer » ne signifie pas décapiter un arbre sous prétexte d'une cime trop dense. Au contraire, il faut absolument lui conserver sa forme et sa silhouette intactes et se contenter d'ôter les branches mortes et toutes les petites ramifications qui encombrent le cœur de la cime, à la base des branches principales. Ce nettoyage permet déjà l'arrivée d'une lumière plus abondante jusqu'au sol, en particulier chez les conifères.

La taille ou l'élagage « d'éclaircie » commence en général par la suppression des branches les plus basses afin de mieux circuler sous les arbres et de dégager de la place pour le développement des arbustes ou des vivaces que l'on souhaite planter à leur pied. N'allez cependant pas trop vite et, si vos arbres n'ont jamais été ébranchés, évitez d'enlever des branches au-delà de deux mètres de hauteur la première fois, afin de ne pas les affaiblir inutilement. L'année suivante, vous pourrez enlever un « étage » de branches supplémentaire et ainsi de suite chaque année jusqu'à la hauteur souhaitée.

On peut ensuite compléter l'opération en supprimant les branches « doublons », celles qui « épaississent » inutilement la cime de l'arbre. Observez attentivement les ramifications, repérez les branches principales, les plus fortes, et évaluez attentivement les autres branches, plus fines. Si l'une d'entre

▲ Un élagage respectueux de l'arbre consiste à éclaircir la cime sans raccourcir les branches épargnées. La lumière, mais aussi l'eau de pluie parviennent au sol et permettent aux plantes de bien s'y développer.

LA BONNE COUPE EN TROIS POINTS

Lorsque vous coupez une branche principale au niveau de son insertion sur le tronc, respectez trois points importants :

- **Coupez en deux fois :** une première fois à environ 50 cm du tronc, pour éviter que la branche n'arrache un grand lambeau d'écorce en tombant ; puis une seconde fois près du tronc.
- **Coupez selon une ligne perpendiculaire** à l'axe de la branche, afin de n'occasionner que des plaies minimales.
- **Ne coupez pas au ras de l'écorce du tronc,** mais respectez le « bourrelet », généralement bien visible. Celui-ci est le siège des cellules les plus actives qui contribueront à la cicatrisation rapide de la plaie.

L'application d'un **« baume cicatrisant »** est facultative (il y a autant de jardiniers pour que contre). Même si son efficacité n'est pas toujours reconnue, ce type de produit a au moins l'avantage de rendre les plaies d'élagages bien plus discrètes.

▸ L'élagage a rendu ce tilleul "transparent", ce qui permet aux hortensias et autres plantes d'ombre de prospérer à son pied.

elles a un parcours, une direction similaire à une branche principale voisine, elle « doublonne », et il vaut mieux l'enlever pour simplifier le branchage.

Le même type d'éclaircie peut être appliqué aux grands arbustes, afin de permettre aux plantes couvre-sol d'être plus vigoureuses et de mieux remplir leur fonction. Chez les buissons, la taille d'éclaircie favorise l'apparition de jeunes pousses vigoureuses. Sélectionnez les deux ou trois plus belles chaque année pour n'en garder qu'une seule à la fin de l'été. Elle vous permettra de supprimer l'une des plus vieilles branches et de rajeunir ainsi constamment vos arbustes.

La meilleure période pour réaliser ce type de taille d'éclaircie se situe à partir du milieu de l'été, une fois la croissance des végétaux achevée. À cette période, comprise entre le 15 août et la fin octobre, on distingue parfaitement les branches mortes ou moribondes ainsi que les rameaux en surnombre. La cicatrisation est aussi plus rapide car la sève ne s'écoule pas au niveau des plaies. Enfin, le résultat est visible immédiatement car la lumière augmente au niveau du sol à mesure que l'on enlève les branches excédentaires.

▾ Conifère bien éclairci, simplement en le débarrassant des branches mortes.

SI VOUS NE POUVEZ PAS ÉLAGUER VOUS-MÊME

On peut accéder facilement à 3 ou 4 m de hauteur à l'aide d'une échelle, mais pour grimper au-delà sans risque, il faut un équipement particulier. Mieux vaut faire appel à un élagueur professionnel. Pour ne pas endommager irrémédiablement vos arbres par des coupes non adaptées, préférez un élagueur spécialiste de la « taille douce », qui respecte les arbres. Assurez-vous de ses qualifications ou demandez à voir quelques-uns de ses derniers travaux.

PLANTER SOUS UN ARBRE

Pour qu'une jeune plante vivace ou un bulbe, un arbuste ou une grimpante puisse se développer sous de grands arbres, il faut lui donner la possibilité d'installer ses racines pour puiser de la nourriture et de l'eau. Pour cela, repérez les endroits les plus favorables et adaptez votre façon de planter de trois manières possibles :

▸ ÉVITER DE BLESSER LES RACINES

Si les jeunes plantes ont besoin d'espace libre pour y installer leurs racines, il vaut mieux éviter de blesser ou même de couper celles des arbres et grands arbustes déjà en place. Repérez donc les racines principales et essayez de « viser » entre elles pour repérer les espaces « libres », où creuser les trous de plantation. Il n'est pas très grave de supprimer quelques petites racines, mais évitez de couper celles dont le diamètre est supérieur à 1 cm. Couper une telle racine entraîne en effet l'effet inverse : d'innombrables nouvelles radicelles se développent autour de chaque plaie et elles viennent directement coloniser la terre remuée et profiter des amendements destinés aux nouvelles plantes, souvent avant même que ces dernières n'aient commencé à s'installer.

Une fois les racines principales bien repérées et dégagées, n'hésitez pas à sortir et à remuer le plus de terre possible pour la rendre plus meuble et à l'enrichir avec du fumier très décomposé (jamais de fumier frais) ou de compost bien mûr (qui a la consistance du terreau du commerce, que vous pouvez aussi utiliser si le compost « maison » vous fait défaut).

▸ PLANTER AU PLUS PRÈS DU TRONC

Contrairement à une idée reçue, l'emplacement le plus accueillant sous un arbre se situe juste au pied du tronc, dans les espaces libres entre les départs de grosses racines. C'est là qu'il faut installer de préférence une plante grimpante qui doit coloniser les branches ou habiller le tronc nu, ou encore un bel arbuste destiné à meubler l'espace sous les premières branches. Évitez bien sûr de blesser les racines principales de l'arbre en creusant, et ne vous avisez surtout pas d'en supprimer une pour « faire de la place ». Vous compromettriez gravement la santé de l'arbre et à terme, sa solidité.

RELEVER LE SOL AVEC DU COMPOST

Si vous désirez planter un ensemble de plantes vivaces ou un tapis de plantes couvre-sol sous des grands arbres aux racines fortement développées, ne vous fatiguez pas à creuser de grands trous, c'est inutile ! Relevez plutôt le niveau du sol de 5 à 15 cm avec un mélange de terre (30 %) et de terreau ou de compost (70 %). Ce mélange doit être léger et aéré pour éviter d'asphyxier les racines de l'arbre. Entretenez l'humidité par des arrosages réguliers le temps que les vivaces s'installent, puis couvrez d'un mulch pour renouveler constamment cette litière protectrice et nutritive (voir ci-après).

L'ÉPOQUE IDÉALE ?

À l'ombre des murs ou dans un patio ombragé, les plantations peuvent avoir lieu toute l'année, sans plus de précautions qu'au soleil. En revanche, **sous les arbres**, la meilleure période se situe entre septembre et décembre, à l'époque où les arbres puisent moins dans le sol et où les pluies sont plus nombreuses, réduisant d'autant les arrosages. Si vous plantez juste avant que les feuilles tombent, surtout ne les enlevez pas, elles formeront naturellement une litière protectrice qui facilitera beaucoup le développement des plantations mais aussi leur entretien.

MAINTENIR LE SOL COUVERT

L'entretien des plantations sous les arbres peut être grandement facilité si vous vous inspirez de la nature elle-même. Une balade en forêt en automne permet de prendre conscience de l'épaisse couche de feuilles mortes qui se dépose sur le sol, recouvrant même les végétaux en place. Personne ne vient enlever cette « litière » qui se décompose lentement en formant un « terreau » aussi bénéfique aux arbres qu'aux plantes vivaces et bulbeuses ainsi qu'aux

▲ Laissez sur le sol toutes les feuilles mortes, afin d'y produire un "mulch" très bénéfique pour les plantes d'ombre.

arbustes qui poussent sous leur branchage. Il vous suffit de reproduire ce « mulch » en accumulant sur le sol une couche de matériaux organiques la plus riche possible : feuilles mortes, tontes de gazon, compost à demi-mûr, petites branches, etc.

Ce « mulch » a une quadruple action :

- Il protège le sol du tassement des pluies, ou du piétinement, et maintient une température régulière permettant la vie d'une microfaune riche et variée. En hiver, il freine ou évite le gel du sol (et des plantes fragiles !).
- Il maintient la fraîcheur du sol et supprime la plupart des arrosages une fois les plantes installées.
- Il évite la germination des mauvaises herbes (qui ont besoin de lumière pour germer) en maintenant le sol complètement dans l'obscurité.
- Il nourrit la faune du sol qui allège et travaille celui-ci sans bouleverser les racines des plantes : les massifs couverts de mulch n'ont jamais besoin d'être bêchés !

Toutes les feuilles de tous les arbres conviennent, mais plus elles seront variées, meilleur sera le mulch. Celles qui se décomposent vite, comme celles des bouleaux ou des marronniers, nourrissent le sol en un hiver, tandis que celles des chênes, des hêtres ou des aiguilles de pin perdurent plusieurs années en assurant longtemps leur rôle protecteur.

UTILISER DES MATÉRIAUX CLAIRS

Égayez les coins les plus ombragés du jardin en utilisant des matériaux très clairs. Choisissez par exemple du mobilier de jardin blanc ou jaune citron. Même chose pour les pots destinés aux balcons ombragés : les couleurs vives et claires mettent bien en valeur les végétaux. N'hésitez à peindre les pots de terre cuite avec vos propres couleurs si vous ne trouvez pas celles qui vous conviennent (utilisez des peintures microporeuses et dépourvues de solvants).

Peignez les murs en blanc (si possible avec un « lait de chaux », particulièrement lumineux et salutaire pour la santé des murs).
Couvrez les allées de gravillons clairs ou blancs, histoire de bien marquer leur tracé au milieu d'une végétation verte et plus sombre. Le gravillon blanc pourra également former un contrepoint intéressant avec les feuillages panachés de blanc.

▲ Les murs ombragés peints en blanc mat (lait de chaux) renvoient beaucoup de lumière.

LE BLANC AGRANDIT L'ESPACE

Pour faire paraître un petit patio ou une cour jardin plus grand et plus lumineux, peignez les **murs en blanc** et une fois les principaux végétaux plantés, couvrez toute la surface, même sous les végétaux, avec des **gravillons blancs** (vous pourrez sans problème planter de nouveaux végétaux au travers). Le gravier possède tous les rôles du mulch de feuilles mortes hormis, bien sûr, la nourriture du sol et des plantes qu'il vous faudra alors assurer par d'autres moyens (engrais ou compost appliqué sur les plantes au cours de l'hiver).

FICHES DE CULTURE PAR PLANTE

LES 40 MEILLEURES
plantes d'ombre

◂ Jacinthes d'Espagne bleues (*Hyacinthoïdes hispanica*), ail des ours (*Allium ursinum*) et fougères plume d'autruche *(Matteucia struthiopteris)* tapissent le sol sous les arbustes.

Aucuba *Aucuba japonica*

Considérez cet arbuste sans à priori et vous reconnaîtrez en lui un magnifique buisson persistant très précieux dans les situations les plus sombres. Recherchez les variétés moins courantes, bien plus attrayantes.

▸ CARACTÉRISTIQUES GÉNÉRALES

- **Famille :** Cornacées.
- **Type de plante** : Arbuste persistant.
- **Pays/habitat d'origine :** Japon.

▸ TYPE D'OMBRE

Ombre dense ou mi-ombre (Est). Pour les variétés à feuilles vertes, une teinte jaunâtre trahit un ensoleillement trop fort.

▸ CULTURE ET SOINS

- **Culture :** Très facile, même en pot ou bac. Supporte la sécheresse estivale.
- **Rusticité :** Excellente (- 15 °C à - 20 °C). Son feuillage peut être endommagé par les vents froids.
- **Sol :** Aucune restriction. Croissance plus régulière en sol frais.
- **Entretien :** Aucun. Évitez de les tailler en boule, enlevez plutôt quelques branches depuis la base de temps à autre.
- **Vitesse de croissance/distances de plantation :** lente ou moyenne ; 1,50 m à 2 m entre deux sujets, au minimum.
- **Multiplication :** Semis (même pour les variétés ponctuées), bouture entre août et février, marcotte (on maintient une branche sur le sol à l'aide d'une pierre et on la laisse une à deux années pour qu'elle s'enracine seule).

▸ ESPÈCES ET/OU VARIÉTÉS RECOMMANDÉES

- 'Picturata' : large tache jaune au cœur des feuilles 2 m x 2 m.
- 'Rozannie' (autofertile - 1 pied suffit) : feuilles vertes, gros fruits, 1 m x 1 m.
- 'Salicifolia' (femelle) : feuilles longues et étroites. Très élégant. 2 m x 2 m.
- 'Sulphurea Marginata' (femelle) : feuilles vert clair bordées de jaune. Superbe. 1,50 m x 1,50 m.
- 'Variegata' (femelle) : taches jaunes irrégulières. Très courant. 2 m x 2 m. 'Crotonifolia' similaire, mâle.

◂ En haut : 'Sulphurea marginata'.
En bas : 'Picturata'.

▸ Aucuba 'Variegata' avec des bambous, *Pleioblastus viridistriatus* 'Auricoma' et *Fargesia nitida*.

Bambou *Fargesia, Phyllostachys, Sasa, Hibanobambusa, etc.*

Solution idéale pour les petits jardins de ville, les bambous supportent l'ombre sans en ajouter ! Ils forment de beaux écrans de verdure tout en apportant couleurs et luminosité.

▸ CARACTÉRISTIQUES GÉNÉRALES

- **Famille :** Poacées.
- **Type de plante** : Grande graminée à tiges ligneuses.
- **Pays/habitat d'origine :** Extrême-Orient : Chine, Japon, etc.

▸ TYPE D'OMBRE

Les bambous poussent aussi bien à l'ombre de grands arbres, qu'à l'ombre de murs, dans une cour ou un patio peu ou non ensoleillé. Les espèces à grandes feuilles s'y développent bien mieux, à l'abri du plein soleil comme du vent.

▸ CULTURE ET SOINS

- **Culture :** Très facile.
- **Rusticité :** Selon les espèces, entre - 15 °C et - 25 °C.
- **Sol :** Bonne terre ordinaire, ni trop calcaire, ni trop mouillée, ni trop sèche.
- **Entretien :** Au printemps, couper au ras du sol les cannes âgées de plus de 2 ans (couleur plus terne) pour faire de la place aux nouvelles.

▸ *Phyllostachys aureosulcata* 'Aureocaulis'.

▾ *Sasa veitchii* se margine de blanc à l'arrivée de l'hiver.

▲ *Hibanobambusa* 'Shiroshima' éclaire l'ombre de son feuillage fortement panaché de blanc crème.

◄ *Sasa palmata* produit de grandes feuilles à l'aspect très exotique, mais bien rustiques.

- **Vitesse de croissance/distances de plantation :** Croissance très rapide, 50 cm entre deux touffes pour un effet d'écran instantané (plantes déjà grandes) ou 1 m à 1,50 m entre des jeunes plantes qui doivent s'implanter, ou avec d'autres arbustes.
- **Multiplication :** Par division ou séparation de rejets.

▶ ESPÈCES ET/OU VARIÉTÉS RECOMMANDÉES

- *Fargesia murielae* 'Simba' : touffes serrées de canes jaunes cuivrées. Fin feuillage et port en fontaine. Idéal en isolé (une seule touffe) ou serré pour faire un écran fin. Pas envahissant. Hauteur : 2 m à 3 m.
- *Hibanobambusa tranquillans* 'Shiroshima' : attrayant par son feuillage panaché, strié de blanc et de vert, très lumineux à l'ombre. Trace modérément (facile à limiter). Hauteur : 2 m à 3 m.
- *Phyllostachys aureosulcata* 'Aureocaulis' : très chaleureux par la couleur de ses canes, jaune ocré même en situation peu lumineuse. Gagne à être éclairci (une cane tous les 25/30 cm), pour mettre en valeur leur couleur. Hauteur : 3 m à 5 m.
- *Sasa palmata :* larges feuilles groupées au sommet de tiges simples et souvent légèrement arquées. Très beau. A besoin d'espace (très traçant). Hauteur : 1,50 m à 2,50 m.
- *Sasa veitchii :* espèce couvre-sol (hauteur : 80 cm à 1,20 m), aux feuilles larges, vertes en été, bordées de blanc en hiver, très lumineux sous des arbres caducs.

LE SAVIEZ-VOUS ?

La plupart des bambous s'étendent grâce à des rhizomes souterrains qui poussent davantage en terre sèche et pauvre qu'en sol riche et humide, et que l'on peut contenir grâce à une « barrière anti-rhizome ». Les *Fargesia* sont les seuls bambous courants à pousser naturellement en touffes serrées et ne nécessite donc pas de barrière anti-rhizome.

Bégonia *Begonia*

Les bégonias traditionnels, annuels ou tubéreux, offrent une belle palette pour les potées ou les massifs ombrés, en compagnie des impatiences et des fuchsias.

▲ En haut : *Begonia semperflorens* à fleurs doubles.
En bas : *Begonia* 'Bonfire'.

▶ CARACTÉRISTIQUES GÉNÉRALES

- **Famille :** Bégoniacées.
- **Type de plante** : Vivace, annuelle gélive.
- **Pays/habitat d'origine :** Amérique du Sud, Asie.

▶ TYPE D'OMBRE

Les bégonias horticoles fleurissent mieux avec quelques heures de soleil par jour.

▶ CULTURE ET SOINS

- **Culture :** Facile. Repiquer les jeunes plantes avec du terreau après les dernières gelées. Arroser régulièrement.
- **Rusticité :** Ne supporte pas le gel. Ils peuvent continuer à pousser et fleurir dans une véranda ou dans la maison (pièce fraîche).
- **Sol :** Léger, riche (terreau + terreau de feuilles).
- **Entretien :** Supprimez les fleurs fanées qui pourrissent facilement. Arrosez très régulièrement car ils ne supportent pas la sécheresse.
- **Vitesse de croissance/distances de plantation :** Comptez un plant tous les 20 cm, en moyenne.
- **Multiplication :** Boutures faciles durant toute la belle saison, semis (au chaud, dès mars, pour les annuels), division des bulbes en mars-avril pour les bégonias tubéreux.

▶ ESPÈCES ET/OU VARIÉTÉS RECOMMANDÉES

- *Begonia semperflorens* : bégonia annuel, très joli et plus « léger » à l'ombre qu'au soleil. Les variantes à fleurs doubles sont superbes.
- *Begonia* x *tuberhybrida* : bégonia tubéreux. Il existe de nombreuses variétés intéressantes, surtout en pot, pour une cour ou un patio ombragé. 'Bertini' est un type simple et très robuste. Plantez-le avec des fougères.
- 'Bonfire' : sélection récente de *B. boliviensis* aux fleurs allongées, orange. Plante très robuste et facile à garder en hiver (il suffit de rentrer le pot en cave hors gel). Floraison plus abondante avec quelques heures de soleil.

- *Begonia sutherlandii* : port plutôt retombant, feuillage vert tendre et fleurs orange clair. Superbe variété, qui aime la chaleur (mais pas le plein soleil). À cultiver plutôt en pot.

▲ *Begonia* x *tuberhybrida* en compagnie d'un *Phormium* panaché.

LE SAVIEZ-VOUS ?

Une espèce résiste au froid (- 15 °C) : *Begonia grandis*. Elle se conserve l'hiver dans une litière de feuilles mortes, sous forme de bulbilles qui germent en mai. Attention donc de ne pas désherber trop vite !

Camélia *Camellia*

Appréciable pour son feuillage panaché, ce bel arbuste a aussi la bonne idée de fleurir en hiver. En choisissant bien, il est possible d'en avoir en fleurs de novembre à mai.

▸ CARACTÉRISTIQUES GÉNÉRALES

- **Famille :** Théacées.
- **Type de plante** : Arbuste à feuillage persistant.
- **Pays/habitat d'origine :** Chine, Japon.

▸ TYPE D'OMBRE

Il apprécie l'ombre sous les grands arbres (chêne, pin), ou mieux encore, celle d'une cour ombrée de grands murs. Il redoute simplement les courants d'air.

▸ CULTURE ET SOINS

- **Culture :** Facile en situation fraîche et abritée du vent. Peut être cultivé en pot, en terre de bruyère + engrais adapté au printemps et en été.
- **Rusticité :** Variable selon les espèces et variétés, mais la plupart souffrent entre - 10 °C et - 15 °C.
- **Sol :** Terre non calcaire, légère (ajouter de la terre de bruyère et des aiguilles de conifères aux terres trop argileuses). Une bonne couche de feuilles mortes en permanence sur le sol permet de garder la fraîcheur l'été et de protéger les racines contre le froid en hiver.
- **Entretien :** Taille éventuelle des rameaux trop hauts ou éclaircie des petites branches intérieures non florifères, une fois tous les 2 ans, en août ou septembre. Suppression des fleurs fanées sur les *C. japonica.*
- **Vitesse de croissance/distances de plantation :** Laissez au moins 2 mètres entre deux camélias, moins si vous désirez planter un écran.
- **Multiplication :** Bouture (entre août et janvier), marcotte, greffe pour les variétés les moins vigoureuses.

▸ ESPÈCES ET/OU VARIÉTÉS RECOMMANDÉES

- 'Donation' : grandes fleurs rose tendre, semi-doubles, très nombreuses durant deux mois (mars/avril).
- 'Cinnamon Cindy' : multitude de petites fleurs doubles, rosées en bouton, blanc crème une fois épanouies, de fin janvier à fin avril. Petites feuilles élégantes,

très rustique (– 15 °C au moins).

- 'St Ewe' : fleurs moyennes, simples, en cornets, puis totalement ouvertes, marquées par un bouquets d'étamines jaunes bien visibles. Pétales rose soutenu. Très vigoureux, forme un petit arbre, très florifère de mi-janvier à fin avril.
- 'Nobilissima' : fleurs blanches, très doubles, d'aspect sophistiqué, mais magnifiques sur un feuillage sombre. Fleurit dès la mi-décembre et refleurit si le gel détruit les premières fleurs.
- 'Narumi-Gata' : fleurs simples, blanc rosées en bouton ; s'ouvrant blanches. Très parfumées. Floraison dès l'automne et le début de l'hiver. À ne planter qu'à mi-ombre, si vous bénéficiez de quelques heures de soleil par jour.

▲ 'Donation' et 'St Ewe'.

◄ En haut : *Camelia sansanqua* 'Narumi-Gata'. En bas : 'Nobilissima'.

…r de Marie

Dic…a spectabilis

Amusante « chaîne des cœurs », cette vivace très populaire se décline désormais en plusieurs variétés, dont certaines possèdent un très beau feuillage coloré.

▸ CARACTÉRISTIQUES GÉNÉRALES

- **Famille :** Fumariacées.
- **Type de plante :** Plante vivace caduque, bien rustique.
- **Pays/habitat d'origine :** Asie.

▸ TYPE D'OMBRE

Il pousse bien dans l'ombre légère d'un arbre caduc à petites feuilles, ou d'un vieux conifère (pin), ou encore à l'ombre d'un mur.

▸ CULTURE ET SOINS

- **Culture :** Facile. En cas de sécheresse estivale, la plante perd son feuillage mais repousse au printemps suivant.
- **Rusticité :** Excellente, il survit à des températures inférieures à - 15 °C.
- **Sol :** Ordinaire, frais, peu caillouteux et riche en humus. Gardez-le couvert de feuilles mortes ou d'écorces de pin.
- **Entretien :** Aucun.
- **Vitesse de croissance/distances de plantation :** Un pied au mètre carré suffit pour profiter de la jolie forme arquée des tiges. Pour les espèces tapissantes : comptez 5 plantes au mètre carré pour obtenir un tapis en 2 ans.
- **Multiplication :** Par éclat de souche muni d'un fragment de racine, en février ou mars (sortie des premières feuilles).

▸ ESPÈCES ET/OU VARIÉTÉS RECOMMANDÉES

- *Dicentra spectabilis :* à fleurs roses et feuillage vert. 'Alba' à fleurs blanches et feuillage vert pomme, encore plus beau à l'ombre. 'Gold Heart', très lumineux à fleurs roses et feuillage jaune.
- *Dicentra* 'Langtrees' : magnifique feuillage bleuté, fleurs blanc crème. Tapissant, vigoureux, toujours fleuri de mai à septembre.

▲ *D. spectabilis.*

▸ *Dicentra* 'Langtrees' avec Azalée et Sceau de Salomon (*Polygonatum multiflorum*).

Cyclamen de jardin

Cyclamen hederaefolium, C. coum

▶ CARACTÉRISTIQUES GÉNÉRALES

- **Famille :** Primulacées.
- **Type de plante :** Plante vivace bulbeuse.
- **Pays/habitat d'origine :** Italie, Balkans, Grèce.

▶ TYPE D'OMBRE

Ces deux espèces supportent l'ombre dense et les endroits très secs en été (ils sont au complet repos), comme le pied des grands arbres. La floraison est toutefois plus abondante si quelques heures de soleil viennent toucher les plantes chaque jour.

▶ CULTURE ET SOINS

- **Culture :** Facile. Choisissez-les et plantez-les en fleurs (ils existent en une multitude de nuances de roses ainsi qu'en blanc). Il est rare de trouver deux sujets ayant les mêmes marbrures argentées.
- **Rusticité :** Parfaite (- 15 °C à - 20 °C) en pleine terre.
- **Sol :** En toute terre pas trop mouillée en hiver.
- **Entretien :** Étalez 1 à 2 cm de terreau mélangé à des cendres de bois sur leur emplacement en septembre.
- **Vitesse de croissance/distances de plantation :** 25 cm entre deux plantes leur permettront de s'étendre.
- **Multiplication :** Facile par semis, souvent spontané. Il suffit en général de déplacer les jeunes plantes apparaissant autour des plantes installées.

▶ ESPÈCES ET/OU VARIÉTÉS RECOMMANDÉES

- *C. hederaefolium* : fleurs rose tendre, foncées ou blanches, inodores en septembre/octobre, avant la sortie des feuilles qui forment une belle touffe de feuillage marbré ou argenté persistant tout l'hiver (fane et disparaît en avril/mai).
- *C. coum* : fleurs rose tendre, foncées ou blanches, au délicat parfum de violette en janvier/février sur une petite touffe de feuilles rondes, vertes, marbrées ou argentées. Plus florifère et prolifique si quelques heures de soleil par jour.

Ne confondez pas ces véritables cyclamens de jardin avec les miniatures pour jardinières : ceux-ci résistent vraiment au froid et augmentent leurs colonies chaque année ! *C. hederaefolium* fleurit en automne, et *C. coum* s'épanouit en hiver.

▲ *C. coum* fleurit de janvier à mars.

◀ *C. hederaefolium* en fin de floraison, quand les feuilles commencent à se développer.

Epimedium *Fleur des elfes*

Cette plante discrète est connue soit pour ses fleurs aussi délicates que certaines orchidées, soit pour son feuillage très couvrant. Aujourd'hui apparaissent de nouvelles variétés, alliant les deux qualités.

▲ *E.* x *versicolor* 'Sulphureum'.

▶ 'Amber Queen', un nouvel hybride vraiment très florifère.

▶ CARACTÉRISTIQUES GÉNÉRALES

- **Famille :** Berbéridacées.
- **Type de plante** : Vivace, couvre-sol, à feuillage persistant (pour les plus intéressants)
- **Pays/habitat d'origine :** Asie, Japon.

▶ TYPE D'OMBRE

Ils vivent bien sous des arbres, des arbustes ou à l'ombre des murs, même si les conditions se révèlent très difficiles et sèches. En revanche, une fraîcheur ou humidité permanente encourage une végétation plus luxuriante.

▶ CULTURE ET SOINS

- **Culture :** Très facile. À planter dès l'automne ou au printemps. Pousse aussi très bien en pot.
- **Rusticité :** Excellente (- 15 °C à - 20 °C).
- **Sol :** Ordinaire, même calcaire, mais riche en humus.
- **Entretien :** Couper le vieux feuillage juste avant la floraison s'il a été endommagé par un hiver rigoureux.
- **Vitesse de croissance/distances de plantation :** Comptez entre 4 et 10 pieds/m^2 selon la variété choisie.
- **Multiplication :** Très facile par éclat ou division des souches, de préférence en février ou mars.

▶ ESPÈCES ET/OU VARIÉTÉS RECOMMANDÉES

- *E. rubrum* : fleurs rouge carmin en bouquets très denses. Reste en touffes et s'étend peu.
- *E. perralderianum* 'Fröhnleiten' : grandes fleurs jaune d'or en grappes émergeant bien de l'ancien feuillage parfaitement persistant. Excellent couvre-sol bien « étanche » aux mauvaises herbes.
- *E.* x *versicolor* 'Sulphureum' : innombrables fleurs jaune soufre, bien visibles en mars au-dessus du feuillage encore pourpre en hiver.
- *E.* x 'Amber Queen' : grandes grappes (50 cm !) de grandes fleurs orangées de mi-mars à fin juin, parfois en septembre. Feuillage persistant.

Érable japonais *Acer palmatum*

Sûrement les plus jolis arbustes pour l'ombre, ces érables au port élégant et aux feuillages toujours sublimes se déclinent en dizaines de variétés qui toutes sont merveilleuses à l'ombre ou à mi-ombre, en pleine terre comme en bac.

▸ *A. p.* 'Bloodgood' en couleurs d'automne.

▾ *A. p.* 'Shishio Improved' au début du printemps.

▸ CARACTÉRISTIQUES GÉNÉRALES

- **Famille :** Aceracées.
- **Type de plante :** Arbre ou arbuste caduc.
- **Pays/habitat d'origine :** Chine, Corée, Japon.

▸ TYPE D'OMBRE

Tous apprécient l'ombre et la fraîcheur, mais à des degrés divers en fonction de la couleur du feuillage : plus celui-ci est clair (blanc, jaune, etc.), plus l'ombre peut être dense. À l'inverse, les variétés à feuillage pourpre doivent bénéficier de quelques heures de soleil par jour.

▸ CULTURE ET SOINS

- **Culture :** Pas toujours très facile, cela dépend beaucoup de la variété choisie et de son emplacement ; il faut avant tout les protéger contre les courants d'air qui dessèchent le feuillage.
- **Rusticité :** Bonne ou excellente : entre - 15 °C et - 30 °C selon les variétés.
- **Sol :** Non calcaire, riche en humus, frais et drainé. Ils ne supportent pas les engrais. En pot, il faut donc changer le substrat tous les 2 ou 3 ans maximum (terre de bruyère + terreau de feuilles + gravier non calcaire).

- **Entretien :** Coupez les petites branches qui encombrent le cœur ou « brouillent » la silhouette.
- **Vitesse de croissance/distances de plantation :** On le plante plutôt en isolé ; à la limite plusieurs variétés très naines à 1 m ou 1,20 m les unes des autres.
- **Multiplication :** Par greffe ou marcotte.

▶ ESPÈCES ET/OU VARIÉTÉS RECOMMANDÉES

- 'Bloodgood' : feuilles pourpres, même à l'ombre. Variété vigoureuse. Hauteur : 2,50 m en 10 ans.
- 'Butterfly' : feuilles vert tendre délicatement marquées d'une marge crème et rose. 'Roseomarginata' et 'Kagiri Nishiki' sont similaires. Hauteur : 2 m à 10 ans.
- 'Dissectum' : feuillage finement découpé, vert tendre au printemps, jaune cuivré en automne. Forme retombante, en « champignon ». Existe en pourpre, pour les endroits plus lumineux. Hauteur : 1 m en 10 ans.
- 'Orange Dream' : jeunes feuilles jaune orangé magnifique, et à nouveau en automne. 'Orangeola' est similaire, plus petit. Hauteur : 1,80 m en 10 ans.
- 'Sengokaku' : remarquable pour l'écorce rouge corail de ses jeunes rameaux. Feuillage vert jaune au printemps et jaune en automne. Hauteur : 2 m à 2,50 en 10 ans, port dressé.
- 'Shishio Improved' : feuillage rouge framboise vif au printemps, devenant rose puis vert rosé avant de devenir orange rosé en automne. Superbe, croissance lente.
- 'Ukigumo' : magnifique feuillage blanc piqueté de vert. Croissance lente. Excellent là où il n'y a pas de soleil. Hauteur : 1,50 m à 1,80 m en 10 ans.

▲ En haut : 'Orange Dream' au printemps.
En bas : *A. p.* 'Dissectum'.

LE SAVIEZ-VOUS ?

Il existe plus de 400 variétés d'érables japonais, et de nouvelles variétés apparaissent chaque année… De quoi donner libre cours à votre esprit collectionneur ?

◀ *A.p.* 'Dissectum' forme un dôme au premier plan du massif.

Euphorbe des bois
Euphorbia amygdaloides

Discrète, elle n'en est pas moins indispensable aux jardins ombragés. Son feuillage persistant vert ou coloré, et sa longue, parfois très longue floraison vert jaune s'accorde avec toutes les autres couleurs.

▲ *Euphorbia amygdaloides* 'Helena's Blush'.

▸ *E. a.* 'Purpurea' se ressème facilement en variant légèrement de couleur.

▸ CARACTÉRISTIQUES GÉNÉRALES

- **Famille :** Euphorbiacées.
- **Type de plante :** Vivace, à feuillage persistant.
- **Pays/habitat d'origine :** Europe.

▸ TYPE D'OMBRE

Elle supporte l'ombre dense et les endroits très secs en été, mais les variantes à feuilles rouges ne prennent leur belle couleur que sous les arbres caducs, une fois ceux-ci dépouillés de leurs feuilles.

▸ CULTURE ET SOINS

- **Culture :** Facile en toutes situations.
- **Rusticité :** Excellente, - 15 °C à - 20 °C. Si le feuillage est endommagé, la plante repart souvent depuis la base.
- **Sol :** Ordinaire, supporte très bien le calcaire. Elle aime la fraîcheur mais supporte bien la sécheresse estivale du sol.
- **Entretien :** Coupez les fleurs et les tiges fanées.
- **Vitesse de croissance/distances de plantation :** On la plante en isolé ou par groupes de 2- 3 distantes de 40 cm.
- **Multiplication :** Boutures en juillet/août, semis souvent spontanés, ou éclats (pour *E. a. var. robbiae*).

▸ ESPÈCES ET/OU VARIÉTÉS RECOMMANDÉES

- *E. a.* 'Purpurea' : feuilles pourprées en été, franchement rouge en hiver, se ressème seule sans être envahissante
- *E. a* 'Black Bird' : feuilles pourpre foncé, presque noires. Stérile (ne se ressème pas), meurt après 2 ou 3 ans.
- *E. a* 'Helena's Blush' : nouvelle variété à feuillage panaché devenant rose porupre enhiver. Superbe.
- *E. a.* var. *robbiae* : feuilles luisantes, vertes. Végétation drageonnante : s'étend pour former un excellent couvre-sol.

LE SAVIEZ-VOUS ?

Le suc blanc qui s'échappe des tiges (le latex) peut occasionner des brûlures sur la peau des personnes photosensibles : portez toujours des gants en nettoyant les euphorbes !

Fatsia *Fatsia japonica*

Majestueuse, cette plante aux grandes feuilles palmées reste souvent cantonnée à la véranda alors qu'elle est assez rustique pour survivre dehors aux hivers ordinaires, surtout sous des arbres.

▲ 'Aureomaculata', variété très lumineuse.

▸ *Fatsia japonica* fleurit en automne et résiste bien au pied de grands bambous.

▸ CARACTÉRISTIQUES GÉNÉRALES

- **Famille :** Araliacées.
- **Type de plante :** Arbuste à feuilles persistantes.
- **Pays/habitat d'origine :** Japon.

▸ TYPE D'OMBRE

L'ombre dense ne lui fait pas peur, et cette situation augmente encore l'étalement de ses feuilles et leur aspect exotique. Dans un patio ombragé, il adopte vite la forme d'un arbre.

▸ CULTURE ET SOINS

- **Culture :** Très facile. Il craint juste le vent.
- **Rusticité :** Bonne jusqu'à - 10 °C. Un couvert (bambous, grands arbres) lui offre alors une protection salutaire.
- **Sol :** Tous sols frais, riches en humus, peu ou non calcaires. Une litière de feuilles mortes permanente aide sa végétation luxuriante.
- **Entretien :** Aucun, hormis la suppression des vieilles feuilles ou de celles abîmées par le froid.
- **Vitesse de croissance/distances de plantation :** Il atteint 2 m en 5 à 10 ans selon la richesse et l'humidité du sol.
- **Multiplication :** Semis, éclats, boutures entre août et novembre.

▸ ESPÈCES ET/OU VARIÉTÉS RECOMMANDÉES

- 'Aureomaculata' : feuilles jaunes au centre, vertes autour, plus sensible au froid que l'espèce.
- 'Spider Web' : magnifique panachure sous forme de fines taches blanches régulièrement réparties autour des feuilles.
- 'Variegata' : marge blanche irrégulière, très lumineuse.

LE SAVIEZ-VOUS ?

Le Fatsia appartient à la même famille que le lierre (*Hedera*). Croisé avec celui-ci, il a donné x *Fatshedera lizei*, une plante semi-grimpante, elle aussi très bien adaptée aux endroits ombragés.

Fougère *Asplenium, Athyrium, Polystichum, Matteucia, etc.*

Dépourvues de fleurs, leur légèreté et leur élégance sont toutefois très précieuses pour les situations ombrées. Prenez le temps de repérer leurs différentes espèces pour les choisir au mieux : persistantes, résistantes à la sécheresse ou au contraire avides d'humidité.

▶ CARACTÉRISTIQUES GÉNÉRALES

- **Famille :** Ptéridophytes.
- **Type de plante :** Vivaces, caduques ou persistantes selon les espèces.
- **Pays/habitat d'origine :** Forêts des régions tempérées.

▶ TYPE D'OMBRE

Toutes les fougères sont adaptées pour vivre dans les endroits jamais atteints par le soleil, mais certaines d'entre elles peuvent aussi pousser au soleil si l'humidité ne leur fait pas défaut. Toutes ont besoin d'humidité pour se reproduire, mais certaines résistent particulièrement bien aux longues périodes sèches une fois installées.

▸ *Matteucia struthiopteris*, en compagnie de *Rodgersia*, à l'ombre humide.

▾ *Dryopteris erythrosora.*

▶ CULTURE ET SOINS

- **Culture :** Facile. On peut les planter en toutes saisons, avec une préférence pour le début du printemps et septembre/octobre. Poussent très bien en pot, même réduit.
- **Rusticité :** Excellente pour les espèces recommandées.
- **Sol :** Ordinaire, enrichi d'humus (terre de bruyère ou mieux, terreau de feuilles).
- **Entretien :** Aucun, hormis la coupe des frondes fanées juste avant l'apparition des nouvelles au printemps.
- **Vitesse de croissance/distances de plantation :** Variable selon les espèces, elles atteignent leur taille adulte en 2 à 3 ans environ.
- **Multiplication :** En général, par division des touffes ou semis spontanés.

▲ En haut : *Dryopteris affinis.* En bas : *Asplenium scolpendrium* 'Undulatum'.

▶ ESPÈCES ET/OU VARIÉTÉS RECOMMANDÉES

- *Asplenium scolopendrium* (langue de cerf) : Longues frondes pleines, vert tendre, persistante. Existe aussi à frondes frisées, plus claire ('Undulatum'). Très résistante au sec l'été, apprécie les murs et le calcaire. 50 cm x 50 cm.
- *Athyrium nipponicum* 'Pictum' (fougère peinte) : Les frondes caduques sont marbrées de teintes argentées ou gris sombre. Magnifique. Sol toujours frais. 60 cm x 60 cm.
- *Dryopteris filix-mas* (fougère mâle). Très courante, ses frondes sont hautes et semi-persistantes (sèchent avec les fortes gelées). Résiste à tout et pousse partout ! 90 cm x 70 cm.
- *Dryopteris erythrosora* (fougère cuivrée) : Frondes persistantes d'une magnifique teinte cuivrée quand elle est jeune, vert jaune pâle ensuite. Très belle, même au cœur de l'hiver et très résistante. Ne craint pas la sécheresse estivale. 70 cm x 70 cm.
- *Matteucia struthiopteris* (Plume d'autruche) : Très élégante, surtout au printemps avec la teinte vert frais des nouvelles frondes. Forme de belles colonies en terrain toujours humide. Belles couleurs d'automne cuivrées. 1,20 m x 80 cm.
- *Polystichum setiferum* (polystic) : Magnifique pour ses longues frondes persistantes pouvant former une couronne de 1,50 m de diamètre. 'Bevis' est la plus jolie variété, aux longues frondes finement ciselées et bien persistantes tout l'hiver.
- *Polystichum polyblepharum* : Grande fougère persistante aux frondes épaisses et très brillantes, ce qui est très utile, en particulier à l'ombre dense. A besoin d'humidité permanente pour donner le meilleur d'elle-même. 1 m x 1 m.

LE SAVIEZ-VOUS ?

Le vocabulaire lié aux fougères est particulier : on ne parle pas de feuilles, mais de « frondes », de graines mais de « spores », de pousses mais de « crosses ».

◀ *Athyrium nipponicum* 'Pictum' avec *Hosta* 'Frances Williams'.

nsia *Fuchsia*

Très florifères, les fuchsias s'utilisent surtout en potées ou en suspensions saisonnières sur les balcons ombragés. Mais certains résistent aussi au froid et reviennent animer un coin sombre chaque année sans devoir être remplacés.

▲ Fleurs de 'Genii'.

▸ CARACTÉRISTIQUES GÉNÉRALES

- **Famille :** Onagracées.
- **Type de plante :** Arbuste rustique ou non selon les variétés.
- **Pays/habitat d'origine :** Amérique du Sud.

▸ TYPE D'OMBRE

Ils aiment la fraîcheur constante fournie par l'ombre, mais fleurissent mieux avec quelques heures de soleil chaque jour.

▸ CULTURE ET SOINS

- **Culture :** Facile à condition de ne jamais manquer d'eau.
- **Rusticité :** La plupart des variétés horticoles gèlent, hormis celles apparentées à *F. magellanica*.
- **Sol :** Terreau riche et toujours frais. Si vous les plantez en pleine terre, n'hésitez pas à mélanger du terreau de feuilles et du sable de Loire (non calcaire) pour alléger les sols trop argileux.
- **Entretien :** Supprimez les fleurs fanées lorsqu'elles ne tombent pas toutes seules.
- **Vitesse de croissance/distances de plantation :** On les plante déjà fleuris en mai et ils continuent tout l'été. Les fuchsias de pleine terre fleurissent à partir de la mi-juillet.
- **Multiplication :** Très facile par bouture de tige entre juin et septembre.

▸ ESPÈCES ET/OU VARIÉTÉS RECOMMANDÉES

Les variétés horticoles sont innombrables et chacun trouvera celle qu'il préfère : à grosses ou petites fleurs, à port dressé ou retombant. À l'ombre dense, les coloris clairs ressortent le mieux.

- *Fuchsia magellanica* 'Riccartonii' : fuchsia rustique, arbustif pouvant atteindre 2 m de haut et de large. Fleurs rouges. 'Gracilis' fleurs légèrement plus fines. Les branches meurent pendant les hivers froids mais repoussent dès le printemps.
- 'Alba' : fleurs blanches, particulièrement belles à l'ombre.
- 'Aurea' : feuillage doré, lumineux. 'Genii' est plus compact.

- 'Versicolor' : feuillage panaché de blanc et de gris, somptueux en situation peu lumineuse.
- 'Sharpitor' : feuilles délicatement bordées de blanc, fleurs blanches.
- 'Whiteknight Pearls' : fleurs rose tendre, très belles.

▲ *F. magellanica* 'Riccartonii' avec *Skimmia japonica*.

LE SAVIEZ-VOUS ?

Une redoutable maladie virale touche actuellement les fuchsias dans certaines régions : elle se traduit par des pousses amincies et déformées. Aucune méthode de lutte n'est connue hormis l'arrachage des plantes. Faites très attention de ne pas introduire de plantes infectées dans votre jardin si vous cultivez déjà quelques fuchsias.

Fusain du Japon

Euonymus japonicus

Valeur sûre, le fusain peut illuminer des coins très sombres ou y constituer des haies et survivre à des conditions très difficiles ; sans que cela soit une raison de le négliger.

▼ *E. japonicus* 'Microphyllus'.

▶ CARACTÉRISTIQUES GÉNÉRALES

- **Famille :** Celastracées.
- **Type de plante** : Arbuste persistant, rustique.
- **Pays/habitat d'origine :** Japon.

▶ TYPE D'OMBRE

Il résiste à l'ombre dense et sèche des grands arbres, mais sa végétation est beaucoup plus belle lorsqu'il bénéficie d'un peu de lumière.

▶ CULTURE ET SOINS

- **Culture :** Facile en toutes situations, même éventée, au bord de la mer. Évitez de le tailler en boule comme dans les vieux squares, mais laissez-le pousser et se développer librement.
- **Rusticité :** Excellente en ville, il craint cependant les températures inférieures à - 15 °C en situation exposée au vent.
- **Sol :** Ordinaire, même calcaire. Il n'aime pas trop les sols gorgés d'eau. S'il supporte les sols secs, cela le rend plus sensible aux attaques d'acariens.
- **Entretien :** Aucun hormis la suppression des pousses vertes sur les variétés à feuillage panaché.
- **Vitesse de croissance/distances de plantation :** Croissance rapide, il atteint 2 m en 5-7 ans puis ne s'élève plus beaucoup. En haie, comptez un sujet tous les 50 cm.
- **Multiplication :** Boutures d'août à novembre, marcottes.

▶ ESPÈCES ET/OU VARIÉTÉS RECOMMANDÉES

À grandes feuilles : Hormis le type *E. japonicus* à feuilles vertes, qui est très beau lorsqu'il est cultivé librement :
- 'Ovatus Aureus' : feuilles marginées de jaune, ou entièrement jaunes, mieux coloré avec quelques heures de soleil par jour.
- 'Président Gauthier' : feuilles marbrées et bordées de blanc, très lumineux à l'ombre dense. 'Bravo' est similaire, plus crème.

◀ *Euonymus fortunei* 'Silverstone', une nouvelle variété à petites feuilles panachées, extra en pot.

À petites feuilles, type « microphyllus » : feuilles petites et allongées, densément réparties sur les branches. Très petit arbuste, apte à remplacer le buis en bordure dans les situations très ombragées.

- 'Minimus Aureus' : feuilles panachées de jaune.
- 'Microphyllus Variegatus' : feuilles marbrées et bordées de blanc.

▲ *E. japonicus* 'Bravo'.

ranium vivace

Geranium macrorrhizum

Dans la nature, de nombreux géraniums vivaces poussent en zone forestière, mais cette espèce est de loin la plus intéressante car outre sa floraison printanière attrayante, elle couvre bien le sol de son feuillage odorant et persistant.

▲ *G.* x *cantabrigiense.*

▸ *G.* x *cantabrigiense* 'Biokovo' avec une camomille dorée *Tanacetum parthenium* 'Aureum'.

▸ CARACTÉRISTIQUES GÉNÉRALES

- **Famille :** Géraniacées.
- **Type de plante :** Plante vivace persistante et couvre-sol.
- **Pays/habitat d'origine :** Balkans.

▸ TYPE D'OMBRE

De la lumière ou quelques heures de soleil encouragent une floraison plus abondante, mais il peut s'en passer. Il est particulièrement résistant à l'ombre sèche comme celle que l'on trouve au pied des haies de conifères.

▸ CULTURE ET SOINS

- **Culture :** Très facile, même sous des grands arbres.
- **Rusticité :** Excellente, des froids de - 20 °C font mourir les feuilles, mais pas les plantes.
- **Sol :** Ordinaire. Il pousse partout sauf dans les terres trop sableuses.
- **Entretien :** Aucun. Si les plantes deviennent trop hautes, mieux vaut les couper avec des cisailles au ras du sol en fin d'hiver.
- **Vitesse de croissance/distances de plantation :** Croissance rapide, il atteint 2 m en 5-7 ans puis ne s'élève plus beaucoup. En haie, comptez un sujet tous les 50 cm.
- **Multiplication :** Division des plantes au printemps, bouture en été.

▸ ESPÈCES ET/OU VARIÉTÉS RECOMMANDÉES

- *G. m.* 'Ingwersen' et 'Spessart' : fleurs roses tendre.
- 'Album' : fleurs blanches.
- 'Bevan's Variety' : rose soutenu.
- 'Variegatum' : à feuilles panaché, petit développement.
- *G.* x *cantabrigiense* : hybride de *G. macrorrhizum* aux feuilles plus petites, plus vertes, plus luisantes. Floraison rose tendre.
- *G.* x *cantabrigiense* 'Biokovo' : fleurs blanches, très lumineuses à l'ombre.

Hakonechloa *Hakonechloa macra*

C'est la plus jolie graminée pour l'ombre, belle presque toute l'année, vigoureuse sans jamais être envahissante. Et elle se décline en plusieurs variétés.

▲ *Hakonechloa macra* 'Albo Aurea'.

▶ *Hakonechloa macra* 'All Gold'.

▶ CARACTÉRISTIQUES GÉNÉRALES

- **Famille :** Poacées (Graminées).
- **Type de plante** : Vivace, rustique.
- **Pays/habitat d'origine :** Japon.

▶ TYPE D'OMBRE

Elle pousse bien partout à l'ombre ou à mi-ombre, adaptant sa végétation aux conditions qu'elle trouve : vigoureuse en terrain frais, elle croît beaucoup plus lentement en conditions sèches, sans que cela compromette sa santé.

▶ CULTURE ET SOINS

- **Culture :** Très facile, en pleine terre mais aussi en pot où elle est particulièrement belle.
- **Rusticité :** Excellente ; elle résiste à - 20 °C.
- **Sol :** Léger et riche en humus pour l'idéal, mais elle se contente de terre ordinaire ou argileuse. En pot, elle pousse dans n'importe quel bon terreau.
- **Entretien :** Aucun, hormis la coupe des feuilles sèches en mars.
- **Vitesse de croissance/distances de plantation :** 3 à 4 ans sont nécessaires pour obtenir une touffe adulte de 80 cm x 80 cm. Trois plantes pour 1 mètre carré.
- **Multiplication :** Par division, en mars ou avril.

▶ ESPÈCES ET/OU VARIÉTÉS RECOMMANDÉES

La plante « type », à feuilles vertes est très belle, mais les variétés colorées sont plus recommandables dans un petit espace ou pour associer à des hostas, hortensias, etc.

- 'Aureola' : feuilles striées de jaune et de vert.
- 'Albo-aurea' : feuilles striées de blanc-jaune ; plus vigoureuse.

LE SAVIEZ-VOUS ?

Hakone est le nom d'une montagne japonaise d'où cette graminée est originaire.

Hellébore hybride

Helleborus hybridus

Sa très longue floraison à partir du milieu de l'hiver devance de plusieurs semaines l'arrivée du printemps. Facile à cultiver (contrairement à la « rose de Noël », *H. niger*), elle se décline en dizaines de variantes toutes plus belles, désirables et robustes.

▶ Double noire, particulièrement jolie.

▼ Très belle sélection à "cœur d'anémone" ourlée d'un liseret doré.

▶ CARACTÉRISTIQUES GÉNÉRALES

- **Famille :** Renonculacées.
- **Type de plante** : Plante vivace, rustique et persistante.
- **Pays/habitat d'origine :** Caucase, Balkans.

▶ TYPE D'OMBRE

Elle pousse aussi bien à l'ombre des murs que des arbres, la floraison reste juste un peu plus clairsemée sous des arbres et arbustes persistants. Elle peut vivre sous des bambous.

▶ CULTURE ET SOINS

- **Culture :** Très facile. On les choisit en général en fleurs, en janvier et février, en jardinerie ou chez les spécialistes et on les plante directement en pleine terre s'il ne gèle pas car les racines sont très actives à cette époque.
- **Rusticité :** Excellente. Les fleurs épanouies se remettent très bien des gelées jusqu'à 8 °C à 10 °C. Au-delà, elles meurent, mais sont parfois remplacées par d'autres plus tardives.
- **Sol :** Ordinaire, enrichi de compost, plutôt frais mais elle a besoin d'une période sèche en été pour préparer sa floraison (il est préjudiciable de les arroser en été). Contrairement à une croyance tenace, elle aime le calcaire.
- **Entretien :** Coupez les vieilles feuilles au ras du sol dès que les premiers bourgeons se montrent.
- **Vitesse de croissance/distances de plantation :** 50 cm à 80 cm de distance entre deux plantes. Les touffes atteignent 60 à 80 cm de diamètre en 3 à 4 ans.
- **Multiplication :** Très facile par semis (mieux vaut ne pas les diviser car elles s'en remettent difficilement).

▶ ESPÈCES ET/OU VARIÉTÉS RECOMMANDÉES

Chaque année apparaissent des variétés plus intéressantes que les précédentes. Ne vous fiez donc pas aux noms, mais choisissez vos préférées en fleurs ou dans un type de couleur : unie (blanche, jaune, rose, pourpre, ardoisée), ou marquées de points, simple, double, ou encore « à cœur d'anémone » (corolle simple et « cœur » double).

Heuchère velue *heuchera x villosa*

Cette espèce est vraiment la mieux adaptée aux endroits ombragés. Elle a donné naissance à de belles variétés aux fleurs colorées et floraisons spectaculaires.

▼ 'Pistache'.

▼ 'Brownies'.

▼ 'Mocha'.

▸ 'Caramel'.

▸ CARACTÉRISTIQUES GÉNÉRALES

- **Famille :** Saxifragacées.
- **Type de plante :** Vivace, rustique, à feuillage persistant.
- **Pays/habitat d'origine :** États-Unis.

▸ TYPE D'OMBRE

La forme sauvage, à feuilles vertes, pousse sous tous types d'ombre, totale ou partielle, plutôt humide. Les variétés ont besoin de quelques heures de soleil chaque jour pour garder leur teinte caractéristique.

▸ CULTURE ET SOINS

- **Culture :** Très facile, en pleine terre ou en pot.
- **Rusticité :** Parfaitement rustique (- 20 °C au moins), elle supporte aussi la chaleur, même humide.
- **Sol :** Frais, léger, riche en humus. Amendez les sols lourds avec du sable et du compost.
- **Entretien :** Supprimez les feuilles endommagées à la fin de l'hiver.
- **Vitesse de croissance/distances de plantation :** 80 cm x 80 cm en 2 ans, dans de bonnes conditions. Deux plantes au mètre carré suffisent.
- **Multiplication :** Division des plantes âgées ou bouture des jeunes pousses au printemps ou en été.

▸ ESPÈCES ET/OU VARIÉTÉS RECOMMANDÉES

- 'Caramel' : feuillage orange devenant miel.
- 'Mocha' : grandes feuilles brun chocolat ; 'Brownies', plus claire.
- 'Pistache' : feuilles jaune verdâtre, très lumineuse à mi-ombre.
- 'Tiramisu' : feuillage rouge cuivré, s'éclaircissant jaune à nervures rouges, puis jaune et argenté en été. Extra en pot.

LE SAVIEZ-VOUS ?

Tiarelle et Tellima sont deux cousines des heuchères aussi inféodées à l'ombre. La première est appréciée pour son feuillage bien persistant, la seconde pour sa floraison blanche ou rosée très abondante.

Hortensia *Hydrangea x Macrophylla, H. serrata, H. quercifolia, H. aspera*

Les hortensias classiques poussent très bien à l'ombre, et offrent leurs fleurs regroupées en boule, têtes plates ou panicules durant tout l'été et l'automne. N'hésitez pas à rechercher des variétés insolites.

▶ CARACTÉRISTIQUES GÉNÉRALES

- **Famille :** Hydrangéacées.
- **Type de plante** : Arbuste à feuilles caduques.
- **Pays/habitat d'origine :** Chine, Japon, Amérique du Nord.

▶ TYPE D'OMBRE

Il vient sous tous types d'ombre sauf celles trop denses. Les floraisons sont plus abondantes à l'ombre de murs, ou d'arbres hauts, laissant filtrer quelques rayons de soleil.

▶ CULTURE ET SOINS

- **Culture :** Facile en situation pas trop sèche ni éventée.
- **Rusticité :** Bonne, jusqu'à - 15 °C. Au-delà, certaines variétés peuvent ne pas fleurir si leurs branches gèlent.
- **Sol :** Non calcaire, mais pas forcément une « terre de bruyère ». Ils peuvent pousser dans une terre argileuse enrichie de compost.
- **Entretien :** Taille d'entretien, chaque année au printemps (avril) : coupez les fleurs sèches et supprimez au niveau du sol les branches de 3 ans (épaisses et ramifiées). Équilibrez les branches épargnées.
- **Vitesse de croissance/distances de plantation :** Très variable selon les variétés. En moyenne, un hortensia au mètre linéaire suffit à composer une jolie bordure.
- **Multiplication :** Boutures entre août et avril, marcottes.

◂ En haut : *H. macrophylla* 'You & Me Romance'.
En bas : *Hydrangea aspera ssp. villosa*

▸ *H. macrophylla* 'Selina' Dutch Lady avec *Sacevola* bleu et menthe panachée.

▲ En haut : 'Sabrina', un nouvel *H. macrophylla* à feuilles pourpres au printemps.
En bas : 'Hop Corn'.

▶ ESPÈCES ET/OU VARIÉTÉS RECOMMANDÉES

À tête en boule :
- 'Benelux', 'Europa', 'Chaperon Rouge', 'Générale Vicomtesse de Vibraye' : variétés classiques à fleurs roses ou bleues.
- 'Bailmer' Endless Summer® : fleurs roses ou bleues, qui se succèdent continuellement en été et automne ; 'The Bride' Endless Summer® : idem, blanc.
- 'Annabelle' : fleurs blanches. Très rustique, floraison assurée même après une après taille sévère ou de grands froids.

À tête plate :
- 'Blaumeise' : grandes inflorescences bien bleues en terre acide.
- 'Libelle' : grandes inflorescences blanc pur. Fleurs stériles rondes.
- 'You & Me', 'Izu- no Hana', 'Étoile violette' : variétés à fleurs doubles.

À panicules. *H. paniculata :* 'Great Star'® : grandes fleurs semblables à des papillons.
À noter : les variétés normalement rose ou rouges en fin de floraison n'adoptent pas ces couleurs à pleine ombre.

À feuilles de chênes. *H. quercifolia :* magnifique feuillage. Panicules de fleurs simples ou doubles chez la variété 'Snowflake'. Excellent à l'ombre dense.

À feuilles velues. *H. aspera :* fleurs rose mauve sur un arbuste élégant aux feuilles de dimensions variables selon les espèces : étroites chez *H. a. ssp. villosa* ou grandes chez *H. a.* 'Mauvette' ou 'Peter Chappell'.

LE SAVIEZ-VOUS ?

Les hortensias de couleur rose deviennent bleus lorsque la terre est très acide. Les variétés à fleurs rouges ou les blanches ne changent pas de couleur quelle que soit la nature du sol.

◀ 'Générale Vicomtesse de Vibraye'.

Hosta *Hosta*

Magnifiques plantes à feuillage, les hostas sont les stars de l'ombre. Ils se déclinent en de très nombreuses variétés qui laissent vraiment l'embarras du choix.

▲ 'Fire Island', une variété basse très lumineuse.

▶ 'Royal Standard' avec des Astilbe 'Color Flash'®.

▶ CARACTÉRISTIQUES GÉNÉRALES

- **Famille :** Hostacées (proche des Liliacées).
- **Type de plante** : Vivace, rustique.
- **Pays/habitat d'origine :** Chine, Japon.

▶ TYPE D'OMBRE

Les hostas à feuilles vertes s'adaptent à tous les types d'ombre y compris très denses, où sont également très beaux les hostas panachés de blanc. Les hostas à feuilles jaunes ont besoin de soleil le matin. Les hostas à feuilles jaunes ou panachées de jaune, de quelques heures de soleil l'après-midi.

▶ CULTURE ET SOINS

- **Culture :** Facile en situation fraîche ou humide. Pousse très bien en pot (peut rester 3 à 5 ans dans le même pot).
- **Rusticité :** Excellente (- 25 °C et +).
- **Sol :** Ordinaire, enrichi de compost pour augmenter la rétention en eau.
- **Entretien :** Aucun. Enlever juste les feuilles fanées. Entourer les jeunes plantes avec du sable ou des cendres de bois pour tenir éloignées les limaces.
- **Vitesse de croissance/distances de plantation :** Les variétés petites et moyennes atteignent leur taille adulte en 2/3 ans. Les grandes demandent 4 à 5 ans.
- **Multiplication :** Par division des souches, entre janvier et mars.

▶ ESPÈCES ET/OU VARIÉTÉS RECOMMANDÉES

- 'Fire Island' : feuilles jaune doré. Très lumineuse, étalée.
- 'Gold Standard' : feuilles jaunes entourées d'une fine marge verte (60 cm x 80 cm).
- 'Halcyon' : touffe dense et moyenne (45 cm x 45 cm).
- 'Krossa' Regal' : touffe haute et en forme de vase. Feuilles grises (80 cm x 60 cm).
- 'Royal Standard' : feuilles vertes, fleurs blanches parfumées.
- 'Wide Brim', 'Brim Cup', 'Patriot' : large marge blanc crème, vert tendre au milieu (60 cm x 80 cm).

Impatiente *Impatiens sp.*

Panachées pour les pots et les jardinières ombrées, les impatientes sont des saisonnières capables de couvrir le sol d'innombrables de fleurs tout au long de l'été. Certaines espèces peuvent survivre à nos hivers sous forme de graines capables de résister au froid.

▼ *Impatiens* 'Salmon Glow', une nouveauté aux couleurs chaudes.

▶ CARACTÉRISTIQUES GÉNÉRALES

- **Famille :** Balsaminacées.
- **Type de plante** : Herbacées gélive (certaines sont des annuelles rustiques car leur graine résiste au froid et survit aux hivers).
- **Pays/habitat d'origine :** Afrique tropicale.

▶ TYPE D'OMBRE

Elles poussent même à l'ombre dense, mais fleurissent davantage à l'ombre des murs. L'humidité constante est nécessaire pour un développement optimal.

▶ CULTURE ET SOINS

- **Culture :** Très facile. Plantation après la mi-mai (dernières gelées potentielles). Des arrosages réguliers facilitent la reprise et le développement rapide des jeunes plantes.
- **Rusticité :** Nulle. Toute la plante disparaît avec la première gelée.
- **Sol :** Riche en humus, léger et toujours frais ou humide. En pot, allégez un terreau « géranium » avec 30 % de tourbe.
- **Entretien :** Aucun, hormis des arrosages réguliers. Les fleurs fanées tombent seules.
- **Vitesse de croissance/distances de plantation :** Elles poussent vite, surtout s'il fait chaud.
- **Multiplication :** Semis, bouture dans l'eau (qui peuvent se conserver l'hiver dans la maison).

▶ ESPÈCES ET/OU VARIÉTÉS RECOMMANDÉES

Les impatientes « classiques » *(Impatiens walleriana)* **:** les fleurs plates et de taille moyenne tapissent littéralement les plantes. Les variantes à feuilles panachées sont plus lumineuses à l'ombre dense.

Les variantes à fleurs doubles sont très belles mais fleurissent moins à l'ombre dense.

Les impatientes « exotiques » : diffèrent des précédentes par leurs fleurs en forme de casque, et de couleur

« chaude », jaune cuivré, rose saumoné ou pêche. S'accordent bien aux bambous et autres plantes d'allure exotique (fatsia, hosta, etc.)

Les impatientes de Nouvelle-Guinée : plus hautes, plus vigoureuses et fleurs plus grandes que les impatientes classiques. Les variétés à fleurs blanches ou à feuillage panaché sont particulièrement belles à l'ombre.

Les impatientes « rustiques » :

- *I. balfourii* : fleurs bicolores, blanches et mauves légères sur une plante buissonnante mais légère (80 cm). Se ressème, mais facile à limiter.
- *I. glandulifera* : géante, cette impatiente de l'Himalaya atteint 1,80 m à 2,50 m de hauteur et se décline en toutes nuances de rose, saumon et blanc. Ses tiges épaisses évoquent les bambous. Se ressème en abondance au point de parfois devenir envahissante.

▲ *Impatiens glandulifera* se ressème (parfois trop) et revient chaque année.

LE SAVIEZ-VOUS ?

L'impatiente doit son nom au fait que ses fruits explosent à maturité, propulsant les graines à quelques décimètres de la fleur d'origine.

Iris gigot *Iris foetidissima*

Méconnu, cet iris est toutefois apprécié de tous ceux qui l'ont essayé car ses fruits aux graines colorées restent longtemps attrayants et son feuillage persistant anime beaucoup les endroits ombragés.

▲ Détail des fruits persistant tout l'hiver.

▶ Iris *foetidissima* 'Variegata' avec *Choisya* 'Sundance'.

▶ CARACTÉRISTIQUES GÉNÉRALES

- **Famille :** Iridacées.
- **Type de plante** : Vivace rustique et persistante.
- **Pays/habitat d'origine :** Europe de l'Ouest.

▶ TYPE D'OMBRE

Il pousse bien sous tous types d'ombre, mais se révèle particulièrement intéressant pour sa tenue à l'ombre sèche. La variété à feuilles panachées y est encore plus spectaculaire.

▶ CULTURE ET SOINS

- **Culture :** Facile. Installez les jeunes plantes au printemps ou en début d'été.
- **Rusticité :** Excellente. Des plantes âgées dépérissent parfois lors d'automnes très humides.
- **Sol :** Tous, même sableux ou calcaires, mais l'humidité excessive cause parfois la pourriture des souches.
- **Entretien :** Aucun hormis la suppression des feuilles fanées.
- **Vitesse de croissance/distances de plantation :** Taille adulte dès la première année, mais floraison et fructification plus abondantes après la seconde. Dispersez les jeunes plantes parmi d'autres végétaux plus étalés à raison de 1 à 2 pied au mètre carré.
- **Multiplication :** Semis, division (pour la variété panachée).

▶ ESPÈCES ET/OU VARIÉTÉS RECOMMANDÉES

- 'Citrina' : les fleurs sont plus jaunes, mais surtout les feuilles plus larges et les fruits plus gros.
- 'Variegata' : feuilles marquées de bandes blanches plus ou moins larges. Très lumineux dans les endroits sombres. Fleurit mais ne fructifie pas.

LE SAVIEZ-VOUS ?

Froissez une feuille et sentez : quelle odeur cela vous rappelle-t-il ? En général les Anglais répondent : du « roastbeef » et les Français du « gigot » bien rôti...

Jacinthe des bois

Hyacinthoides non-scripta, H. hispanica

Très commune dans les bois, on utilise surtout au jardin ses variantes à fleurs blanches ou à fleurs roses, ou encore sa cousine la jacinthe d'Espagne, un peu plus haute et plus appréciée pour ses fleurs bien réparties autour des tiges.

▸ CARACTÉRISTIQUES GÉNÉRALES

- **Famille :** Hyacinthacées.
- **Type de plante** : Bulbe vivace, rustique.
- **Pays/habitat d'origine :** Europe.

▸ TYPE D'OMBRE

Dans la nature, elle prolifère à l'ombre des arbres caducs, en particulier les hêtres et les chênes car elle apprécie comme eux la fraîcheur. Au jardin, elle pousse sous n'importe quel arbre ou arbuste qui ombre et assèche le sol en été.

▸ CULTURE ET SOINS

- **Culture :** Très facile. Plantez les bulbes entre août et novembre pour une floraison dès le printemps suivant.
- **Rusticité :** Excellente (- 25 °C et au-delà).
- **Sol :** Ordinaire, argileux, frais au printemps, sec en été.
- **Entretien :** Aucun.
- **Vitesse de croissance/distances de plantation :** Fleurit quelques mois après la plantation. Quinze à 20 bulbes/m² suffisent pour un effet de tapis. Elle prolifère vite.
- **Multiplication :** Naturelle par semis spontané et production de caïeux sur les bulbes.

▸ ESPÈCES ET/OU VARIÉTÉS RECOMMANDÉES

- *H. non-scripta* : fleurs bleu sombre, toutes regroupées du même côté des tiges qui s'arquent sous le poids des corolles.
- 'Alba' : clochettes blanc pur, semblables à un muguet géant.
- 'Rosea' : fleurs rose tendre.
- *H. hispanica* : fleurs bleues, régulièrement réparties autour des tiges bien droites, hautes de 40 cm environ. Existe aussi en blanc et en rose.

◂ Chez *Hyacinthoides hispanica*, les fleurs sont réparties autour de la tige.

▸ *H. non-scripta* forme de jolis tapis, sous les magnolias.

Lamier *Lamium maculatum*

Ce cousin de l'ortie ne pique pas, mais fleurit très joliment tandis que son feuillage couvre bien le sol. Ses nombreuses variétés sont précieuses pour les coins sombres.

▶ CARACTÉRISTIQUES GÉNÉRALES

- **Famille :** Lamiacées.
- **Type de plante** : Vivace, rustique.
- **Pays/habitat d'origine :** Europe.

▶ TYPE D'OMBRE

Tous types d'ombres sauf celles extrêmement sèches. Les floraisons sont plus abondantes à l'ombre d'un mur ou une ombre tachée de soleil.

▶ CULTURE ET SOINS

- **Culture :** Très facile. Plantez au printemps ou en automne. Étalez du terreau sur les tiges couchées sur le sol pour les inciter à s'enraciner.
- **Rusticité :** Excellente (- 20 °C). Certains vieux pieds disparaissent lors d'hiver très humide.
- **Sol :** Ordinaire, allégé de terreau ou de compost en surface.
- **Entretien :** Aucun.
- **Vitesse de croissance/distances de plantation :** 5 plantes suffisent pour couvrir un mètre carré en une saison.
- **Multiplication :** Il suffit de tirer des fragments enracinés.

▶ ESPÈCES ET/OU VARIÉTÉS RECOMMANDÉES

- 'Aureum' : Feuillage doré barré d'une strie argentée, fleur rose.
- 'Beacon Silver', 'Orchid Frost' : Feuillage argenté, fleur rose.
- 'Checquers' : Feuilles vertes, fleurs rose soutenu, très florifère.
- 'Shell Pink' : Feuilles verte, barrée d'argent.
- 'White Nancy' : Feuillage argenté lumineux, fleur blanche.

▲ 'Checquers' avec *Tellima grandiflora*.

LE SAVIEZ-VOUS ?

Les jeunes feuilles et les fleurs des lamiers sont comestibles et apportent beaucoup de goût aux salades de printemps.

◀ 'White Nancy'.

Lierre panaché *Hedera helix*

Mal aimé, le lierre est pourtant l'une des plantes les plus utiles à l'ombre. Les nombreuses variantes à feuilles panachées sont plus décoratives mais aussi moins vigoureuses que les lierres verts.

▲ 'Sagittaefolia'.

▸ 'Elegantissima'.

▸ CARACTÉRISTIQUES GÉNÉRALES

- **Famille :** Araliacées.
- **Type de plante :** Arbuste à tiges souples, feuillage persistant.
- **Pays/habitat d'origine :** Europe.

▸ TYPE D'OMBRE

Pousse sous tous types d'ombre, même très sèche l'été, au pied de grands arbres. Pour habiller les sols et les murs ombragés, en particulier dans les situations très sombres.

▸ CULTURE ET SOINS

- **Culture :** Très facile. À planter à n'importe quelle saison. Recouvrez de terreau les branches étalées au sol pour qu'elles s'enracinent.
- **Rusticité :** Bonne. Elle varie selon les variétés, certaines étant plus sensibles que d'autres aux froids et aux vents.
- **Sol :** Ordinaire, si possible avec un peu de calcaire.
- **Entretien :** Couper les tiges trop longues ou gênantes au milieu de l'été pour qu'il ait le temps de se remettre et garde un bel aspect en hiver.
- **Vitesse de croissance/distances de plantation :** Variable, 1 à 3 pieds au mètre carré suffisent pour une couverture l'année de la plantation.
- **Multiplication :** Très facile par bouture ou prélèvement de tiges déjà enracinées.

▸ ESPÈCES ET/OU VARIÉTÉS RECOMMANDÉES

- 'Buttercup' : feuilles entièrement jaunes.
- 'Eva', 'Tricolor', 'Elegantissima' : feuilles bordées de blanc.
- 'Goldchild' : feuilles bordées de jaune lumineux.
- 'Gold Heart' : feuilles vert foncé à cœur jaune.
- 'Sagittaefolia' : feuilles découpées enfins segments.

LE SAVIEZ-VOUS ?

Contrairement à une idée répandue, le lierre ne tue pas les arbres, il grimpe seulement sur ceux qui ne grossissent plus (trop vieux ou trop faibles). N'hésitez donc pas à planter des lierres panachés sur le tronc des gros arbres.

Liriope et ophiopogon

Liriope muscari, Ophiopogon japonicus

Ces deux plantes très semblables forment des touffes de feuilles linéaires comme de l'herbe, mais plus épaisses et persistantes. La floraison automnale du liriope est plus spectaculaire, tandis que l'ophiopogon est davantage cultivé pour son feuillage.

▲ *Ophiopongon* 'Nigrescens', persistant noir.

▸ *Liriope muscari*, en fleurs en octobre.

▸ CARACTÉRISTIQUES GÉNÉRALES

- **Famille :** Liliacées.
- **Type de plante** : Vivace, à feuillage persistant.
- **Pays/habitat d'origine :** Japon.

▸ TYPE D'OMBRE

L'ophiopogon supporte une ombre plus dense et plus sèche que le liriope, qui a besoin d'un peu de lumière pour fleurir en abondance. Tous deux supportent parfaitement la sécheresse estivale au pied des arbres ou des grands arbustes.

▸ CULTURE ET SOINS

- **Culture :** Planter au printemps pour une saison de végétation avant le premier hiver.
- **Rusticité :** Bonne ; les plantes souffrent à partir de - 10 °C, hormis sous des conifères, qui leur assurent toujours une bonne protection.
- **Sol :** Ordinaire, non calcaire, enrichit de compost ou de terreau.
- **Entretien :** Aucun.
- **Vitesse de croissance/distances de plantation :** Croissance assez lente. Pour les liriopes, plantez des groupes de 3 à 5 pieds à 15 cm d'intervalle. Pour les ophiopogons, 9 à 12 pieds sont nécessaires pour couvrir un mètre carré en 2 ans.
- **Multiplication :** Par division.

▸ ESPÈCES ET/OU VARIÉTÉS RECOMMANDÉES

- *Ophiopogon japonicus* 'Nigrescens' : feuilles persistantes noires. Fleurs lilacées perdues et peu visibles dans le feuillage.
- *Liriope muscari* : touffe de feuilles vertes persistantes produisant en septembre et octobre des grappes de fleurs violettes.

Mahonia *Mahonia x media*

Ces arbustes très robustes sont très appréciés pour leur floraison hivernale lumineuse et surtout bien parfumée, ainsi que pour leurs longues feuilles composées bien persistantes.

▸ 'Charity' sous un cèdre, en compagnie de *Viburnum farreri*.

▾ Détail des fleurs au parfum de muguet.

▸ CARACTÉRISTIQUES GÉNÉRALES

- **Famille :** Berberidacées.
- **Type de plante** : Arbuste à feuilles persistantes.
- **Pays/habitat d'origine :** Japon.

▸ TYPE D'OMBRE

Il pousse aussi bien à l'ombre des arbres que des murs. Quelques heures de soleil ne lui nuisent pas, mais une couleur de feuillage claire ou jaune orangée dénonce un ensoleillement trop important.

▸ CULTURE ET SOINS

- **Culture :** Très facile. Choisissez et plantez l'arbuste en automne au moment de sa floraison. Préférez des sujets dotés de plusieurs branches depuis la base. N'hésitez pas à « couper la tête » des branches trop hautes pour garder des fleurs à hauteur de nez.
- **Rusticité :** Excellente jusqu'à - 15 °C à - 20 °C.
- **Sol :** Ordinaire, frais au printemps. Peut-être sec en été.
- **Entretien :** Aucun.
- **Vitesse de croissance/distances de plantation :** Il pousse de 20 à 60 cm par an selon la richesse du sol. Un sujet suffit.
- **Multiplication :** Facile par semis des fruits bleutés (non toxiques) qui mûrissent en juin-juillet.

▸ ESPÈCES ET/OU VARIÉTÉS RECOMMANDÉES

- 'Charity' est la variété la plus courante, aux épis dressés, fleuris au début de l'hiver (novembre/décembre).
- 'Winter Sun' est similaire et plus tardive (janvier/février).
- *Mahonia japonica* et *M. bealei* ont des épis retombants, également tardifs (février/mars).

LE SAVIEZ-VOUS ?

Si vous trouvez une variété précoce et une tardive (par exemple, 'Charity' et 'Winter Sun'), plantez-les ensemble, dans le même trou : vous obtiendrez un arbuste plus ramifié et à floraison continue de novembre à mars.

Muguet *Convallaria majalis*

Les « clochettes porte-bonheur » peuvent aussi être très utiles au jardin en formant de bons tapis couvre-sol très parfumés sous les arbres ou les arbustes.

▶ CARACTÉRISTIQUES GÉNÉRALES

- **Famille :** Convallariacées.
- **Type de plante :** Vivace, caduque, couvre-sol à racines traçantes.
- **Pays/habitat d'origine :** Europe.

▶ TYPE D'OMBRE

Il pousse à l'état naturel sous les forêts de hêtres ou de chênes, mais s'adapte parfaitement sous n'importe quel type d'arbre ou même à l'ombre d'un mur. Il disparaît toutefois prématurément en été là où le sol sèche rapidement.

▶ CULTURE ET SOINS

- **Culture :** Plantation de septembre à mai (on peut replanter des potées vendues le 1er mai). Laissez-le s'étendre. Il faut parfois « trouer » les tapis implantés de longue date et remplacer les morceaux arrachés par du terreau pour redonner de la vigueur à la plantation et obtenir de plus jolies fleurs.
- **Rusticité :** Excellente.
- **Sol :** Ordinaire, enrichi de terreau et/ou couvert en permanence d'un tapis de feuilles mortes.
- **Entretien :** Aucun. Si vous avez des enfants, pensez à supprimer les baies orange, toxiques.
- **Vitesse de croissance/distances de plantation :** 5 plantes au mètre carré permettent d'obtenir un tapis dense en 2 ans.
- **Multiplication :** Facile par prélèvement d'un morceau de tapis.

▶ ESPÈCES ET/OU VARIÉTÉS RECOMMANDÉES

- Le muguet du commerce pousse bien au jardin sans toutefois être jamais aussi beau qu'à l'achat.
- Muguet rose (var. *rosea*) : le rose est tendre et tend à disparaître au bout de quelques années.
- Muguet à feuillage panaché ('Striata') : plusieurs variétés existent avec des feuilles striées de jaune. Ce sont des plantes de collection, généralement peu vigoureuses.

▲ Détail des clochettes odorantes.

◀ 'Striata', encore rare, mais tellement plus beau !

Myosotis du Caucase

Brunnera

Particulièrement robuste et florifère, cette plante est aujourd'hui très appréciée pour son feuillage, argenté ou panaché chez les variétés les plus récentes. Ces innombrables petites fleurs bleu franc peuvent aussi être désormais blanches ou bleu ciel.

▼ 'Jack Frost' et 'Mrs Morse'.

▼ 'Variegata'.

▼ 'Hadspen Cream'.

▸ CARACTÉRISTIQUES GÉNÉRALES

- **Famille :** Boraginacées.
- **Type de plante** : Vivace, semi-persistante.
- **Pays/habitat d'origine :** Caucase.

▸ TYPE D'OMBRE

Particulièrement adapté à l'ombre des arbres ou des haies car il résiste bien à la sécheresse estivale.

▸ CULTURE ET SOINS

- **Culture :** Plantez en automne, ou au tout début du printemps (réveil très précoce), pour une floraison qui commence en mars et s'achève en juin. Il peut alors être intéressant de raser toute la plante pour obtenir un nouveau feuillage bien frais.
- **Rusticité :** Excellente (- 25 °C).
- **Sol :** Tous sols, mais croissance plus rapide en sol riche et frais (surtout pour les variétés à feuillage panaché).
- **Entretien :** Aucun.
- **Vitesse de croissance/distances de plantation :** 5 pieds au mètre carré assurent une couverture dans l'année.
- **Multiplication :** Les touffes se divisent facilement, mais le brunnera se multiplie aussi tout seul par semis ou par boutures de racines (les racines qui restent dans le sol quand on déplace une plante produisent des bourgeons, puis des pousses).

▸ ESPÈCES ET/OU VARIÉTÉS RECOMMANDÉES

- 'Betty Bowring' : fleurs blanches, feuillage vert.
- 'Dawson's White' : feuilles larges bordées de blanc.
- 'Hadspen Cream' : feuilles bordées de crème.
- 'Jack Frost' : magnifique feuillage marbré d'argent, fleurs bleues.
- 'Mrs Morse' : comme 'Jack Frost', à fleurs blanches.

▸ 'Jack Frost', aussi beau en fleurs qu'en feuilles.

Oranger du Mexique

Choisya ternata

Ce bel arbuste se prête à tous les usages et vit aussi bien au jardin qu'en pot, en plein soleil qu'à l'ombre. Il se décline en plusieurs variétés presque aussi adaptables. Superbe floraison blanche parfumée en mai et septembre.

▲ 'Sundance' en pot.

▸ 'Aztec Pearl' couvert de fleurs début juin.

▸ CARACTÉRISTIQUES GÉNÉRALES

- **Famille :** Rutacées.
- **Type de plante :** Arbuste à feuilles persistantes.
- **Pays/habitat d'origine :** Amérique centrale.

▸ TYPE D'OMBRE

Il est plus dense et plus joli à l'ombre d'un mur ou dans l'ombre d'un patio que sous un arbre, mais il résiste aussi très bien dans ce type d'emplacement, en prenant un port aérien et clairsemé, que certains trouvent plus élégant.

▸ CULTURE ET SOINS

- **Culture :** Très facile. Plantez les jeunes sujets au printemps pour qu'ils s'acclimatent durant toute une saison avant d'affronter leur premier hiver. Il vit bien en pot, ne nécessitant pas de rempotage durant plusieurs années.
- **Rusticité :** Bonne jusqu'à - 15 °C. Son feuillage craint les vents froids.
- **Sol :** Ordinaire. Il supporte le calcaire et pousse aussi en terre très argileuse. La sécheresse estivale ne le rebute pas.
- **Entretien :** Taille légère ou sévère (selon les spécimens), dès la fin de la floraison. On peut le tailler en boule avec des cisailles (mais il fleurit moins).
- **Vitesse de croissance/distances de plantation :** Il atteint 1 m x 1 m en 3 à 4 ans. Pour faire une haie, plantez un sujet tous les 80 cm.
- **Multiplication :** Boutures en août.

▸ ESPÈCES ET/OU VARIÉTÉS RECOMMANDÉES

- 'Aztec Pearl' : variété à feuilles étroites, plus élégantes.
- 'Goldfinger' : comme 'Aztec Pearl', mais à feuilles jaunes.
- 'Sundance' : feuillage doré, qui aime la lumière (ombre d'un mur mais pas sous les arbres).

LE SAVIEZ-VOUS ?

Sa fleur ressemble beaucoup à celle de l'oranger, mais quoiqu'en disent certains, son parfum est très différent de celui des agrumes, même s'il est très agréable.

Pavot du pays de Galles

Meconopsis cambrica

Peu connu, ce petit pavot vivace apprécie l'ombre et la fraîcheur qu'il égaie de ses fleurs simples ou doubles, jaunes ou orange... Il suffit toutefois d'en introduire un pied pour qu'il se propage seul par ses graines.

▶ CARACTÉRISTIQUES GÉNÉRALES

- **Famille :** Papaveracées.
- **Type de plante :** Vivace (durée de vie environ 3 à 4 ans).
- **Pays/habitat d'origine :** Europe.

▶ TYPE D'OMBRE

Il aime la fraîcheur et pousse et fleurit indistinctement sous les arbres ou au pied des murs pourvu qu'il dispose de fraîcheur.

▶ CULTURE ET SOINS

- **Culture :** Très facile. Le mieux est d'introduire une ou plusieurs plantes achetées en godet et de les laisser se ressemer.
- **Rusticité :** Excellente.
- **Sol :** Humide, mais drainé. Il adore les endroits caillouteux et frais (interstices de pavés, etc.).
  Un sol toujours frais encourage une floraison continue tout l'été. Sinon la sécheresse provoque la dormance des plantes qui repoussent au printemps suivant.
- **Entretien :** Aucun.
- **Vitesse de croissance/distances de plantation :** Trois à 5 pieds au mètre carré suffisent, mélangés à d'autres plantes (fougères).
- **Multiplication :** Facile par semis de graines fraîches. Laissez-le se faire naturellement.

▲ 'Flore Pleno', à fleurs doubles, jaune.

▶ ESPÈCES ET/OU VARIÉTÉS RECOMMANDÉES

- L'espèce type a des fleurs jaunes.
- *M. cambrica* var. *aurantiaca* a des fleurs orange plus ou moins soutenu.
- Il existe des variétés à fleurs doubles orange (*M. c.* var. *aurantiaca* 'Flore Pleno') ou rouge ('Muriel Brown').

LE SAVIEZ-VOUS ?

Il existe un pavot bleu, vraiment magnifique, mais il ne fleurit qu'une fois avant de disparaître. Vous pouvez l'essayer, mais vous serez prévenus...

◄ *M. c. aurantiaca* au pied d'une fougère *Dryopteris filix mas*.

Pieris *Pieris japonica*

Connu autrefois sous le nom Andromède, cet arbuste « de terre de bruyère » est très apprécié en pot ou en sous-bois, où il se montre attrayant pour ses fleurs en clochettes (parfois parfumées), ses jeunes pousses roses ou rouges, et son feuillage persistant.

▲ Détail des fleurs.

▸ 'Havila' en compagnie de *Rhododendron augustinii.*

▸ CARACTÉRISTIQUES GÉNÉRALES

- **Famille :** Éricacées.
- **Type de plante** : Arbuste acidophile, persistant.
- **Pays/habitat d'origine :** Japon.

▸ TYPE D'OMBRE

Il pousse bien sous les arbres à feuillage léger ou clairsemé (chêne, vieux pins), offrant une ombre « trouée de lumière », ou à l'ombre d'un mur ou d'un patio.
Les variétés à feuillage panaché sont plus lumineuses à l'ombre dense.

▸ CULTURE ET SOINS

- **Culture :** Facile si la terre lui convient et que l'atmosphère est suffisamment humide.
- **Rusticité :** Bonne (- 25 °C) à l'abri des vents froids.
- **Sol :** Léger et riche en humus (terre de bruyère + terreau de feuilles), il pousse mieux s'il bénéficie d'une fraîcheur permanente. Pour cela, maintenez le sol couvert de feuilles mortes en permanence.
- **Entretien :** Aucun.
- **Vitesse de croissance/distances de plantation :** Variable selon les variétés (certaines, « naines », poussent peu). En moyenne, un sujet atteint 80 cm x 80 cm en 8-10 ans.
- **Multiplication :** Boutures en août ou mieux, marcottes des branches basses.

▸ ESPÈCES ET/OU VARIÉTÉS RECOMMANDÉES

- 'Bert Chandler' : Jeunes pousses rose flamand.
- 'Katsura' : Jeunes feuilles rouge foncé.
- 'Havila' : Longues feuilles bordées de blanc, rose orangé au printemps.
- 'Little heath' : Petites feuilles panachées. Excellent en pot.
- 'Prélude' : Forme naine, compacte, très florifère.
- 'Valley Valentine' : Fleurs rouges.

Primevère *Primula*

Les primevères des jardins, aux fleurs plus petites que les spectaculaires variétés horticoles sont d'excellentes plantes de jardin, qui se ressèment facilement dans les recoins et bordures ombragés.

▶ CARACTÉRISTIQUES GÉNÉRALES

- **Famille :** Primulacées.
- **Type de plante** : Vivaces (durée de vie 3 à 5 ans).
- **Pays/habitat d'origine :** Europe.

▶ TYPE D'OMBRE

Elle pousse bien partout sauf dans les endroits trop secs ou trop pauvres (sous des conifères ou des arbustes persistants). On peut les cultiver en pot durant une ou deux saisons avant de les planter au jardin.

▶ CULTURE ET SOINS

- **Culture :** Très facile si vous trouvez les bonnes variétés, qu'il faut choisir au rayon des plantes vivaces et non pas dans les plantes fleuries. On peut toutefois planter au jardin ces dernières et attendre qu'elles se ressèment.
- **Rusticité :** Excellente, - 20 °C et au-delà.
- **Sol :** Ordinaire, frais au printemps et en automne, pas trop sec en été, riche en humus.
- **Entretien :** Aucun.
- **Vitesse de croissance/distances de plantation :** Il faut 5 à 7 plantes plantées à 20 ou 25 cm les unes des autres pour former une belle tâche.
- **Multiplication :** Laissez-les se ressemer toutes seules ou divisez les plus jolis coloris juste après la floraison (mai ou juin).

▶ ESPÈCES ET/OU VARIÉTÉS RECOMMANDÉES

Inutile de préciser des noms de variétés car elles se succèdent rapidement. Choisissez simplement vos plantes préférées parmi les différents « types » de primevères de jardin.

- **Type « acaule » :** les fleurs sont groupées au cœur des touffes de feuillages.
- **Type « à tige » :** les fleurs sont groupées en bouquets au sommet d'une tige plus ou moins courte. Certaines variétés sont parfumées.

- **À fleurs doubles :** leurs fleurs durent plus longtemps mais supportent mal la pluie. Il faut les diviser pour les conserver car elles ne se ressèment pas.
- **À fleurs « lacées » :** chaque pétale est délicatement bordé d'un liseré jaune d'or ou blanc. Très belles.

▲ Primevères des jardins "à tiges" (*Primula* x *elatior*).

LE SAVIEZ-VOUS ?

Fleurs et feuilles des primevères sont comestibles et peuvent animer vos salades de printemps. Prudence toutefois car certaines personnes y sont allergiques !

◀ En haut : primevère à fleurs doubles rouges.
En bas : primevère "acaule" rose tendre.

Pulmonaire *Pulmonaria saccharata*

C'est l'une des vivaces les plus précoces, qui fleurit peu après les hellébores (février, mars), avec des couleurs bleues ou roses qu'on ne trouve à cette époque que chez les bulbes. Elle reste ensuite très intéressante avec son feuillage qui couvre parfaitement le sol.

▲ 'Samouraï', au feuillage tout argenté.

▶ 'Cambridge Blue', bleu pâle avec *Primula vulgaris*.

▶ CARACTÉRISTIQUES GÉNÉRALES

- **Famille :** Borraginacées.
- **Type de plante** : Vivace, parfaitement rustique.
- **Pays/habitat d'origine :** Europe.

▶ TYPE D'OMBRE

Elle pousse partout, même à l'ombre dense, sous des conifères (à condition de bénéficier d'assez d'humidité).

▶ CULTURE ET SOINS

- **Culture :** Très facile en pleine terre (supporte mal les pots) ; plantez de préférence en mars/avril (époque de floraison) ou en septembre/octobre pour une reprise et un développement rapide.
- **Rusticité :** Excellente, - 20 °C (au moins).
- **Sol :** Ordinaire, plutôt frais. Dans les sols très secs en été, elles peuvent entrer en dormance et perdre tout ou partie de leur feuillage.
- **Entretien :** Coupez les tiges florales à la fin de la floraison pour accélérer la pousse du nouveau feuillage et éviter de trop nombreux semis spontanés.
- **Vitesse de croissance/distances de plantation :** Chaque plante forme une touffe de 30 cm de diamètre en un an de culture. Plantez les godets à 50 cm les uns des autres pour obtenir une bordure ou un tapis.
- **Multiplication :** Semis spontanés nombreux (mais pas envahissants), division des plantes à la fin de floraison ou en septembre.

▶ ESPÈCES ET/OU VARIÉTÉS RECOMMANDÉES

- 'Cambridge Blue' : fleurs roses et bleues tendre, feuilles tachées.
- 'Majesté' : fleurs roses et bleues, feuilles totalement argentées. 'Samouraï', idem, feuilles plus étroites.
- 'Diana Clare' : feuillages identiques mais à fleurs violacées.
- 'Sissinghurst White' : fleurs blanches, feuilles tachées d'argent.

Rhododendron *Rhododendron*

C'est une grande famille qui comprend aussi les plantes couramment appelées « azalées ». La plupart fleurissent au printemps. On admet en général l'appellation commune de « azalée » pour les arbustes caducs et de « rhododendron » pour les arbustes persistants.

▸ CARACTÉRISTIQUES GÉNÉRALES

- **Famille :** Éricacées.
- **Type de plante :** Arbuste à feuillage persistant ou caduc.
- **Pays/habitat d'origine :** Très divers, généralement en zone montagneuse de l'hémisphère Nord.

▸ TYPE D'OMBRE

Cela varie beaucoup selon les espèces et variétés, mais la plupart des plantes courantes aiment être protégées du plein soleil aux heures les plus chaudes (11 heures - 15 heures). Les azalées ont besoin de plus de soleil que les rhododendrons persistants. L'ombre dense donne des plantes plus hautes et plus clairsemées que l'ombre légère d'un mur.

▸ CULTURE ET SOINS

- **Culture :** Facile en sous-bois ou dans un patio frais, lorsque le sol leur convient (voir plus bas). Ils ont besoin d'une bonne humidité atmosphérique (pas de vent) et un climat plutôt doux en hiver. Les rhododendrons à petites feuilles supportent généralement mieux le vent, le soleil et la sécheresse (relative) que ceux à grandes feuilles. Tous se cultivent facilement en pot, si on peut les arroser avec de l'eau de pluie ou une eau non calcaire.
- **Rusticité :** Très variable selon les sujets, mais les variétés courantes résistent à des températures atteignant - 15 °C à - 25 °C sans souci.
- **Sol :** Ils font partie des « plantes de terre de bruyère », plus justement des plantes de terre acide. Ils ont besoin d'un sol léger et très riche en humus (terreau de feuilles, aiguilles de conifères, etc.). Ils ne supportent pas le calcaire.

▾ *Rhododendron* 'Molten Gold' attrayant en pot tout l'hiver.

▸ Azalée « mollis » sous les arbres.

- **Entretien :** Aucun hormis la suppression des fleurs fanées pour concentrer l'énergie des plantes dans les jeunes pousses.
- **Vitesse de croissance/distances de plantation :** Très variable selon les variétés (voir informations spécifiques sur les étiquettes).
- **Multiplication :** Par boutures (en août) ou par marcottes.

▶ ESPÈCES ET/OU VARIÉTÉS RECOMMANDÉES

- Azalées japonaises : compactes et de petites tailles, elles fleurissent en abondance. On peut les tailler en boule ou leur donner une forme de bonsaï. Elles vivent facilement en pot. 'Hino de giri' (rose), 'Hino mayo' (rouge), 'Palestrina' (blanc) restent des variétés classiques.
- Azalées "ocidentales" : hybrides à floraison tardive (fin mai, juin) et généralement très parfumées. 'Delicatisimum' (blanc) 'Fanny' (rose) sont les plus connues.
- Azalées « mollis » : spectaculaires avec leurs grandes fleurs en mai. Feuillage caduc, belles couleurs d'automne.
- *Rhododendron pontique* (*R. ponticum*) : fleurs bleu lavande. Robuste et peu cher. Si celui-ci pousse chez vous, vous pouvez en essayer d'autres. 'Cunningham's White' : autre forme robuste à fleurs blanches.
- *Rhododendron yakushimanum* : arbuste très compact à feuillage persistant magnifique toute l'année. Les fleurs en bouton rose deviennent blanches une fois épanouies et couvrent le buisson. Excellent, même au soleil et en pot. Reste petit (1,50 m x 1,50 m maximum en 25 ans !).

▲ En haut : Azalée japonaise 'Hino Mayo'.
En bas : *Rhododendron ponticum.*

◀ Azalée "occidentale" 'Delicatissimum' vraiment très parfumée.

Rodgersia *Rodgersia podophylla*

Les grandes feuilles évoquent des ombrelles, surtout lorsqu'elles se déploient au milieu du printemps. Il existe de nombreuses espèces et variétés, mais celui-ci se distingue par sa vigueur et la beauté de son jeune feuillage coloré de brun chocolat et de ses grands panaches de fleurs blanches en été.

▸ *Rodgersia podophylla* au printemps.

▾ Inflorescences de 'Chocolate Wings'.

▸ CARACTÉRISTIQUES GÉNÉRALES

- **Famille :** Saxifragacées.
- **Type de plante** : Vivace, rustique.
- **Pays/habitat d'origine :** Chine, Japon.

▸ TYPE D'OMBRE

Un peu de soleil, en particulier le matin ou le soir, lui permet d'avoir une belle couleur au printemps et de la garder plus longtemps. Il pousse très bien sous des arbres caducs, mais préfère encore plus l'ombre portée des arbres ou d'un bâtiment.

▸ CULTURE ET SOINS

- **Culture :** Très facile en situation fraîche et bien abritée du vent qui abîme rapidement le feuillage. Plantez les jeunes plantes au printemps et ne vous inquiétez pas si elles poussent peu : la racine s'installe et elles seront bien plus belles dès leur deuxième printemps.
- **Rusticité :** Excellente (- 20 °C).
- **Sol :** Humifère, léger et humide, mais pas gorgé d'eau (ce n'est pas une plante de marécage !). Les rodgersias ne supportent pas la sécheresse estivale.
- **Entretien :** Aucun.
- **Vitesse de croissance/distances de plantation :** 3 plantes au mètre carré suffisent pour démarrer une plantation. Ensuite, leurs rhizomes colonisent lentement le sol pour former un tapis.
- **Multiplication :** Très facile par éclat de rhizomes, soit en fin d'été soit au tout début du printemps quand apparaissent les jeunes pousses.

▸ ESPÈCES ET/OU VARIÉTÉS RECOMMANDÉES

- *R. podophylla* est le plus adaptable et le plus facile à cultiver.
- *R.* 'Chocolate Wings' a des feuilles à l'extrémité arrondie (comme un marronnier), pourpre très foncé au printemps et des fleurs rose framboise soutenue.
- *R.* 'Parasol' possède lui aussi des feuilles de marronniers, mais très grandes et de belles grandes inflorescences plumeuses blanc ivoire.

Sarcococca

Sarcococca confusa, S. hoockeriana

Ces cousins des buis forment de petits buissons persistants très attrayants en janvier et février pour leur floraison discrète mais très parfumée.

▲ *S. hoockeriana* var. *digyna.*

▶ *S. confusa* avec les tiges rouges d'un cornouiller.

▶ CARACTÉRISTIQUES GÉNÉRALES

- **Famille :** Buxacées.
- **Type de plante** : Arbuste rustique, à feuillage persistant.
- **Pays/habitat d'origine :** Chine.

▶ TYPE D'OMBRE

Ils acceptent de pousser sous l'ombre épaisse des grands arbres ou à proximité des conifères car ils ne craignent pas la sécheresse estivale (même s'ils se développent moins vite).

▶ CULTURE ET SOINS

- **Culture :** Plantation possible en toute saison, en veillant simplement à maintenir le sol humide durant les premières semaines. N'hésitez pas à bien décompacter la motte de racines afin qu'elles entrent en contact avec le sol le plus rapidement possible.
- **Rusticité :** Bonne, au moins jusqu'à - 12 °C à - 15 °C.
- **Sol :** Ordinaire, enrichi de compost. Contrairement à une légende tenace, ils n'ont pas besoin de terre acide et ne craignent pas le calcaire.
- **Entretien :** Tous les 2 ou 3 ans, supprimez les branches les plus âgées au niveau du sol pour rajeunir les buissons.
- **Vitesse de croissance/distances de plantation :** La croissance est lente au départ, mais les buissons adoptent leurs dimensions adultes (environ 1 m x 1 m) en 5 à 6 ans. Pour un effet rapide, plantez 1 sujet tous les 60 cm environ.
- **Multiplication :** Facile par semis des baies noires (qui mûrissent un an après la floraison).

▶ ESPÈCES ET/OU VARIÉTÉS RECOMMANDÉES

- *Sarcoccoca hoockeriana* : longs rameaux flexibles, à écorce rougeâtre chez certaines variétés. Les feuilles sont plus ou moins allongées comme celles d'un saule. Var. *humilis* : forme couvre-sol, très basse (30 cm) qui s'étale progressivement par ses racines.
- *Sarcococca confusa* : feuilles plus larges et pointues, d'un beau vert foncé. Espèce plus compacte, plus buissonnante.

Saxifrage sarmenteux

Saxifraga sarmentosa

▶ CARACTÉRISTIQUES GÉNÉRALES

- **Famille :** Saxifragacées.
- **Type de plante** : Vivace, rustique, couvre-sol.
- **Pays/habitat d'origine :** Chine.

▶ TYPE D'OMBRE

Assez adaptable, elle préfère toutefois l'ombre fraîche ou humide, à l'abri du vent, sous des arbres ou arbustes ou dans un patio. Elle pousse très bien en pot et retombe en feston le long des parois.

▶ CULTURE ET SOINS

- **Culture :** Très facile, même lorsque le sol n'est pas très épais. Ce saxifrage peut s'enraciner entre des pavés ou dans les gravillons. Veillez simplement à bien étaler les stolons (filaments produits par les plantes) afin qu'elles s'étendent dans toutes les directions.
- **Rusticité :** Bonne. Le feuillage meurt au-delà de - 5 °C, mais la plante survit à - 15 °C, en particulier lorsqu'elle s'est faufilée sous des buissons persistants.
- **Sol :** Ordinaire, riche en compost (en surface). Elle s'enracine facilement sur une faible épaisseur qui doit rester fraîche (couverture de feuilles mortes). En pot, elle se contente de n'importe quel terreau.
- **Entretien :** Aucun.
- **Vitesse de croissance/distances de plantation :** 5 plantes/m^2 suffisent pour une couverture totale l'année même de la plantation.
- **Multiplication :** Très facile par séparation des plantules.

▶ ESPÈCES ET/OU VARIÉTÉS RECOMMANDÉES

'Cuscutiformis' : feuillage plus ou moins strié d'argent. Très prolifique et florifère.

LE SAVIEZ-VOUS ?

Saxifraga fortunei est un saxifrage similaire, mais qui pousse en touffes serrées et fleurit (blanc ou rose) en automne (septembre à novembre). Mélangez les deux pour une floraison très longue du printemps aux gelées !

Souvent commercialisée parmi les plantes d'intérieur, cette plante un peu « grasse » s'étend comme les fraisiers, en produisant de fines tiges rampantes qui engendrent régulièrement de petites plantules. Elle offre un beau feuillage et une très jolie floraison légère en mai, juin et juillet.

▲ Feuillage en hiver, en compagnie d'*Acorus* 'Ogon'.

◀ Floraison vaporeuse du saxifrage de mai à fin juillet. Au premier plan à gauche, les feuilles du bambou Hibanobambusa 'Shinoshima' (voir p.25).

Sceau de Salomon

Polygonatum

Couramment surnommée « Muguet d'Espagne », cette plante de sous-bois se distingue bien sûr par sa floraison en clochettes allongées blanc ivoire, mais surtout pour sa forme arquée si élégante, qui reste belle jusqu'en automne.

▲ 'Variegata'.

▸ 'Weihenstephan' en compagnie des fleurs des Elfes au premier plan (voir p.34).

▸ CARACTÉRISTIQUES GÉNÉRALES

- **Famille :** Convallariacées.
- **Type de plante :** Vivace, à rhizome souterrain.
- **Pays/habitat d'origine :** Europe, Chine.

▸ TYPE D'OMBRE

Il pousse naturellement en sous-bois, dans l'épaisse litière de feuilles mortes qui jonche le sol. Idéal sous les grands arbres, il peut aussi pousser à l'ombre d'un mur.

▸ CULTURE ET SOINS

- **Culture :** Très facile en pleine terre (ne supporte pas longtemps la culture en pot).
- **Rusticité :** Excellente. Elle ne craint pas les hivers de nos régions.
- **Sol :** Ordinaire, enrichi de compost ou de terreau de feuilles.
- **Entretien :** Aucun.
- **Vitesse de croissance/distances de plantation :** Deux à trois godets permettent de constituer une touffe plus rapidement. Les jeunes plantes atteignent leurs dimensions adultes en 2 ou 3 ans (surtout sur les variétés à grand développement).
- **Multiplication :** Facile par division des rhizomes, en fin d'été ou au tout début du printemps. Les semis spontanés sont fréquents après quelques années.

▸ ESPÈCES ET/OU VARIÉTÉS RECOMMANDÉES

- 'Weihenstephan' : forme « géante » du sceau de Salomon ordinaire, qui atteint 80 cm à 90 cm de haut et de large.
- 'Variegata' : feuilles délicatement bordées de rose et de crème devenant blanc au fil des semaines.
- 'Striata' : feuilles irrégulièrement striées de blanc crème.

LE SAVIEZ-VOUS ?

Le nom latin *polygonatum* signifie « plusieurs genoux », et fait référence à l'aspect des rhizomes qui forme une succession de « bosses » marquant chacune la fin de sa période de croissance.

Skimmia *Skimmia japonica*

Cette plante est archi-répandue, pour la garniture des pots et jardinières en hiver avec son feuillage persistant, ses fruits rouges et/ou ses boutons floraux déjà bien présents en automne (même s'ils s'épanouissent au début du printemps).

▸ CARACTÉRISTIQUES GÉNÉRALES

- **Famille :** Rutacées.
- **Type de plante** : Arbuste persistant.
- **Pays/habitat d'origine :** Japon.

▸ TYPE D'OMBRE

Il apprécie l'ombre épaisse et permanente, même si quelques heures de soleil matinal favorisent une floraison plus abondante. À l'aise sous les arbres, il est toutefois plus compact lorsqu'il pousse sans « plafond » au-dessus de lui.

▸ CULTURE ET SOINS

- **Culture :** Plantation possible en toute saison, reprise facilitée grâce à ses nombreuses petites racines. Les sujets au feuillage un peu jaune sont ou ont été trop exposés au soleil. Tout redevient normal lors de la pousse suivante si on le déplace vers un endroit moins lumineux.
- **Rusticité :** Excellente, jusqu'à - 20 °C ou au-delà, surtout s'il est abrité par des arbres ou des buissons. Supporte mal les courants d'air froids.
- **Sol :** Ordinaire, non calcaire, mais pas forcément très profond ni très acide (là où un hortensia pousse, un skimmia se plaira). Un sol frais en permanence (couvert d'une couverture de feuilles mortes) est nécessaire.
- **Entretien :** Aucun. On peut tailler très court en fin d'hiver les sujets un peu trop dégingandés.
- **Vitesse de croissance/distances de plantation :** Un sujet occupera environ 1 m^2 en 10 à 12 ans selon la richesse du sol. On peut les planter serré (3/m^2) et déplacer un ou deux sujets quelques années plus tard (en automne).
- **Multiplication :** Très facile par boutures faites en août ou septembre, ou encore par semis des gros fruits rouges (comptez deux années avant la levée des jeunes plantes !).

◂ En haut : 'Magic Merlot'.
En bas : *S.* 'Rubella'.

▶ ESPÈCES ET/OU VARIÉTÉS RECOMMANDÉES

- 'Rubella' : boutons floraux rouge vif tout l'hiver.
- 'Fragrans' : forme mâle à fleurs verdâtres très odorantes (parfum de muguet).
- 'Kew White' : fruits blancs.
- 'Magic Merlot' : feuillage panaché de blanc mettant en valeur les fleurs rouges (forme mâle).

▲ 'Fragrans' avec un *Camelia* 'Adolphe Audusson'.

LE SAVIEZ-VOUS ?

Le skimmia est très apprécié pour ses gros fruits rouges qui persistent tout l'hiver. Ceux-ci ne se développent que si un (ou plusieurs) pieds femelles (qui porte les fruits) cohabite auprès d'un pied mâle. Pour les reconnaître sans erreur possible, achetez vos skimmias en automne ou en hiver : seules les plantes femelles portent des fruits !

Violette *Viola*

Certaines restent petites, discrètes, mais très parfumées ; d'autres plus grandes, plus visibles étonnent par leur générosité ou la durée de leur floraison. Mais toutes restent aussi charmantes et indémodables.

▲ 'Prince Henry'.

▸ CARACTÉRISTIQUES GÉNÉRALES

- **Famille :** Violacées.
- **Type de plante :** Vivace ou vivace à courte durée de vie.
- **Pays/habitat d'origine :** Europe, Asie, Amérique du Nord.

▸ TYPE D'OMBRE

Ombre légère, sous un arbre ou un buisson à feuillage léger, un sureau, un vieux pin éclairci, etc. Les plus florifères s'épanouissent dans l'ombre portée des arbres ou des murs.

▸ CULTURE ET SOINS

- **Culture :** Très facile. On les plante au printemps après les avoir choisies en fleurs, ou en septembre-octobre (si on vous en offre d'un jardin voisin). Si l'endroit leur plait, elles se ressèment en abondance.
- **Rusticité :** Excellente (- 20 °C) pour toutes les espèces courantes. Les variétés de violette odorantes sont un peu plus délicates, surtout si elles sortent de serre lorsque vous les achetez (en février ou mars).
- **Sol :** Ordinaire, calcaire ou acide, mais sans excès, enrichi d'un peu de compost. Le sol peut sécher un peu durant l'été, mais ne doit pas être trop pauvre.
- **Entretien :** Aucun hormis la multiplication régulière (voir plus bas).
- **Vitesse de croissance/distances de plantation :** 3 à 5 pieds permettent de former une bordure en une ou deux années, mais il ne faut pas espérer couvrir une large surface avec les violettes.
- **Multiplication :** Division des plantes tous les 2 ans au printemps ou bouture des jeunes tiges au début de l'été pour perpétuer fidèlement leurs caractéristiques.

▸ ESPÈCES ET/OU VARIÉTÉS RECOMMANDÉES

- *Viola odorata* : violette parfumée. Normalement violette, mais elle se décline en différents coloris

(bleu, blanc, rose), mais aussi en différents types de fleurs (simples, doubles, semi-doubles, etc.).

- *Viola* x *cornuta* : très florifère, elle est idéale pour habiller l'ombre claire, comme celle sous les grands rosiers. On trouve de très nombreuses sélections qui vivent et fleurissent durant 2 à 4 ans.
- *Viola sororia* ou *V. papillonacea* : surnommée « Violette de Pentecôte » : sa floraison est plus tard ve, et ses grandes fleurs sont nombreuses et très attrayantes même sans parfum.

▲ *Viola* x *cornuta* bleue ciel.

▲ *Viola odorata*, une sélection pâle.

LE SAVIEZ-VOUS ?

La violette de Toulouse est une sélection à fleurs doubles des violettes dites « de Parme », qui se multiplie uniquement par bouture ou prélèvement de stolons car elle ne produit jamais de graines.

D'autres espèces possibles à l'ombre

Dans chaque groupe de plantes, il existe des espèces ou des variétés capables de pousser ou de produire dans les endroits semi- ou totalement ombragés. Voici quelques listes illustrées pour élargir le choix des valeurs sûres proposées dans les pages précédentes.

AROMATIQUES ET CONDIMENTAIRES

1

2

Ail des ours *(Allium ursinum)*
Ail sauvage précoce, à floraison blanche, très prolifique. Toutes les parties sont comestibles. (1)

Cerfeuil *(Anthriscus cerefolium)*
Préfère l'ombre fraîche où il se ressème naturellement pour pousser de l'automne à la fin du printemps.

Menthe panachée *(Mentha suaveolens 'Variegata')*
Un subtil parfum de menthe enrichie d'ananas (idéale pour les desserts) sur une plante très lumineuse et moins envahissante que les autres. (2)

Origan doré *(Origanum vulgare 'Thumble's Variety')*
La saveur « à l'italienne », même sans le soleil ni la chaleur. Très belle floraison blanche en août et feuillage quasi persistant si on rase la plante juste après. (3)

Oseille *(Rumex acetosa)*
Les feuilles sont plus larges et se succèdent durant une période plus longue lorsqu'elle pousse à l'ombre en terrain frais.

3

Persil
(Petroselinum hortense)
Capricieux au soleil, le persil pousse sans façon à l'ombre ou à la mi-ombre, en terre fraîche et se ressème même tout seul.

Rhubarbe
(Rheum rhaponticum)
Plus productive encore dans la fraîcheur permanente, elle a aussi moins tendance à fleurir. (4)

Sauge panachée, sauge dorée
(Salvia officinalis 'Tricolor', 'Icterina')
Ces variétés au feuillage lumineux ont besoin d'ombre pour rester belles. Leur arôme est aussi prononcé que chez l'espèce originale, à feuilles grises. (5)

4

5

1

2

3

FRUITS

Fraise des bois

(Fragaria vesca)

Recherchez la variété « Reine des Vallées » qui produit de juin à septembre des dizaines de fruits délicieux. (1)

Framboises

(Rubus idaeus)

Toutes produisent bien même à l'ombre des arbres.
Les variétés à fruits jaunes peut-être encore mieux que les autres. (2)

Mûres sans épines

(Rubus fruticosus)

Très productive, cette plante vigoureuse aime être mélangée à de grands arbustes comme dans les haies où poussent ses cousines les ronces. (3)

Groseilles à grappes

(Ribes rubrum)

Pas besoin de soleil pour que les fruits rougissent et les oiseaux les trouvent moins facilement là qu'en plein soleil. (4)

Kiwi

(Actinidia deliciosa)

Cette belle liane produit mieux à l'ombre ou à mi-ombre et donne un aspect exotique lorsqu'on laisse libre cour à son exubérance. (5)

Groseilles à maquereau

(Ribes uva-crispa)

L'ombre et la fraîcheur du sol allongent considérablement la période de récolte. (6)

Noisettes

(Corylus avellana)

Arbuste de sous-bois par excellence, il n'a cure de l'ombre, même dense.
Plantez plusieurs variétés sélectionnées pour obtenir beaucoup de fruits.

4

5

6

1

2

3

HAIES

Buis
(Buxus sempervirens)
Il pousse plus vite à l'ombre mais il reste moins dense : il faut donc l'y tailler un peu plus. La variété 'Elegantissima' y est particulièrement belle. (1)

Chamerisier
(Lonicera nitida)
Il ressemble au buis, mais pousse 10 fois plus vite ! Un arbuste très malléable que l'on peut tailler selon ses désirs du moment.

Charme
(Carpinus betulus)
Essence classique de sous-bois, il forme de très jolies haies, même sans jamais voir le soleil. (2)

Hêtre
(Fagus sylvatica)
Autre arbre des bois, le hêtre commence souvent sa croissance à l'ombre des grands arbres. Il est donc particulièrement adapté à cette vie à l'ombre.

Laurier-cerise du Caucase
(Prunus laurocerasus 'Caucasica')
En sous-bois, ces plantes par ailleurs très banales adoptent une allure très majestueuse surtout si on ne les taille qu'au sécateur pour ne pas abîmer les feuilles.

Rhododendron pontique *(R. ponticum)*
Les plus faciles à cultiver, ils forment vite de beaux bosquets couverts de fleurs mauves en juin. Surtout utiles dans les grands jardins en sous-bois. (3)

If
(Taxus baccata)
Particulièrement beau et foncé à l'ombre, il faut, comme pour le buis, le tailler un peu plus souvent pour qu'il reste dense. (4)

2
4

1

2

3

GRIMPANTES

Aristoloche

(Aristolochia durior)

Liane vigoureuse aux grandes feuilles vertes en forme de cœur. L'architecture des branches est splendide sur les vieilles plantes.

Hortensia grimpant

(Hydrangea petiolaris)

Fleurs plates et blanches en mai-juin, feuillage d'automne jaune beurre et magnifique branchage acajou en hiver. S'accroche seul. (1)

Kiwi panaché

(Actinidia kolomikta)

Liane aux feuilles marquées de blanc puis de rose en mai et juin, plus vertes ensuite. (2)

Vigne vierge panachée

(Parthenocissus 'Starshower')

Vigne vierge aux feuilles composées (5 folioles) plus ou moins tachées de blanc crème. Cette panachure évolue durant toute la saison. Les feuilles prennent de belles teintes rosées et écarlates en automne. (3)

Chèvrefeuille des haies

(Lonicera periclymenum)

Sélectionnez une variété à fleurs jaunes ('G. Thomas') (4) ou rouge ('Belgica', 'Serotina', etc.) qui dispense son parfum en juin, puis en septembre, même sans soleil.

Clématite à fleurs blanches

(Clematis 'Miss Bateman', 'Mme Lecoultre', 'John Huxtable', 'Huldine', etc.)

Toutes ces variétés sont particulièrement lumineuses à l'ombre. (5)

Houblon doré

(Humulus lupulus 'Aureus')

Liane vivace qui pousse très vite et illumine la mi-ombre de ses feuilles dorées presque fluorescentes sur les jeunes pousses. (6)

4

5

6

1

2

3

AQUATIQUES ET SEMI-AQUATIQUES

Aponogeton
(Aponogeton distachios)
Flotte comme un nénuphar, mais les feuilles sont allongées et les fleurs blanches, terriblement parfumées. (1)

Broméliacée d'eau
(Stratioites aloides)
Curieuse plante flottante en été qui plonge au fond de l'eau en hiver. (2)

Darmera
(Darmera peltata)
Plante de berge aux grandes feuilles rondes portées par une tige robuste d'un mètre de hauteur. Fleurs roses, juste avant les feuilles. (3)

Astilbe *(Astilbe x chinensis)*
Des plumets roses, rouges, ou blancs au-dessus d'un feuillage de fougères en juillet ou en août, en terre fraîche. (4)

Laitue d'eau
(Pistia stratioites)
L'allure parfaite d'une laitue, qui flotte à la surface de l'eau et se multiplie comme un fraisier. Ne supporte pas le gel.

Lysichiton
(Lysichiton americanum)
Plante de berge aux étranges cornets jaunes en mars, suivis d'immenses feuilles « de bananier » tout l'été. À planter tout petit pour assurer la reprise.

Primevères japonaises
(Primula japonica, P. x pulverulenta)
Des fleurs groupées « en étages » sur des tiges verticales qui atteignent parfois 1 m de hauteur. Spectaculaire ; se ressème seule en bordure de l'eau.

4

1

2

3

GRAMINÉES

Carex panaché
(Carex morrowii 'Ice Dance')
Feuilles arquées semi-rigides délicatement bordées d'une ligne crème. Colonise lentement le sol pour former de beaux tapis. (1)

Grand carex
(Carex pendula)
Grande touffe de longues feuilles raquées vert foncé. Plante impressionnante, qui se ressème dans les endroits humides. (2)

Luzule dorée *(Luzula sylvatica 'Aurea')*
Charmant couvre-sol aux feuilles vert clair en été devenant jaune d'or en hiver. (3)

Mélique panachée
(Melica uniflora 'Variegata')
Petite « herbe » aux stries blanches très marquées. Elle s'étale très lentement et reste distinguée toute la belle saison. (4)

Millet doré
(Milium effusum 'Aureum')
Touffes très lumineuses de feuillage jaune. Même à pleine ombre, les tiges et épis très fins sont aussi jaunes. Se ressème spontanément.

Miscanthus panaché
(Miscanthus sinensis 'Variegatus', 'Cabaret', etc.)
Toutes ces variétés sont parfaites à l'ombre d'un mur, un peu moins attrayantes sous les arbres, où le « plafond » des branches diminue la solidité des tiges. (5)

Ruban de bergère
(Phalaris arundinacea 'Picta')
Envahissante dans de bonnes conditions, cette graminée panachée est superbe à l'ombre et résiste très bien à la sécheresse estivale au pied des grands arbres.

Seslérie bleue
(Sesleria caerulea)
Très intéressante pour remplacer les fétuques bleues qui ne poussent pas à l'ombre, cette petite herbe forme des touffes compactes ou des petites étendues couvre-sol. (6)

4

5

6

1

2

3

PLANTES COUVRE-SOL

Asperule odorante
(Gallium odoratum)
Un tapis de feuillage vert clair surmonté d'un glaçage de petites fleurs blanches en mai. L'odeur aromatique ne se dégage que lorsqu'on fait sécher quelques tiges. (1)

Bugle
(Ajuga reptans)
Des petites rosettes de feuilles vertes, pourpres, ou multicolores produisent chacune un épi de fleurs bleues, roses ou blanches. Elles se propagent rapidement à la manière des fraisiers. (2)

Consoude *(Symphitum azureum, S. grandiflorum)*
Très vigoureuses, ces deux plantes couvrent très vite le sol et nourrissent les plantes sous lesquelles elles poussent Fleurs bleu turquoise pour l'une, crème pour l'autre. (3)

Gaultheria
(Gaultheria procumbens)
Une petite plante très rase dotée de petites feuilles arrondies se colorant d'écarlate en automne, pour servir d'écrin aux nombreux petits fruits rouges. Terre acide uniquement.

Pachysandra
(Pachysandra terminalis)
Un feuillage vert soutenu et coriace qui tapisse étroitement le sol, une végétation lente mais bien tenace, qui tient la plupart des mauvaises herbes à l'écart.

Pervenches petite *(Vinca minor)* **et grande** *(Vinca major)*
Végétation dense et rase *(V. minor)* ou un peu plus haute *(V. major)* portant des fleurs bleues, pourpres, ou blanches et des feuilles vertes ou panachées, selon les variétés. (4)

4

1

2

3

PLANTES PARFUMÉES ✓

Azalée pontique

(Rhododendron luteum)
Des bouquets de fleurs jaune d'or au fort parfum de chèvrefeuille en mai. Superbes couleurs d'automne. Terre acide et riche en humus. (1)

Chèvrefeuille d'hiver

(Lonicera fragrantissima)
Innombrables petites fleurs blanches très fortement parfumées au cœur de l'hiver (décembre, janvier). Très facile à cultiver, convient aussi en haies. (2)

Daphné persistant

(Daphne odora)
Petit buisson persistant tout vert ou aux feuilles bordées de jaune produisant des bouquets serrés de fleurs rose pâle terriblement odorantes de janvier à mars. (3)

Mahonia

(Mahonia x media)
Des grandes feuilles un peu piquantes qui enserrent de longues grappes jaunes d'où émane un étonnant parfum de muguet entre novembre et mars selon les variétés. (4)

Osmanthe de Burkwood

(Osmanthus x burkwoodii)
Le feuillage ressemble à celui du buis, en plus foncé et ses fleurs ont l'apparence et l'odeur du jasmin. Elles s'épanouissent en avril et mai. Se taille si nécessaire. (5)

Sarcococca

(Sarcocca confusa)
Cousin du buis, petit buisson persistant produisant de minuscules fleurs et un étonnant parfum de vanille en janvier et février. (6)

Seringat doré

(Philadelphus coronarius 'Aureus')
Fleurs blanches au parfum de fleur d'oranger fin mai-début juin, sur un beau feuillage doré, très lumineux dès le début du printemps.

Sureau panaché

(Sambucus nigra 'Madonna')
Ses fleurs blanches en bouquets aplatis dégagent une agréable odeur citronnée. Magnifique feuillage panaché de jaune, très lumineux à l'ombre ou mi-ombre.